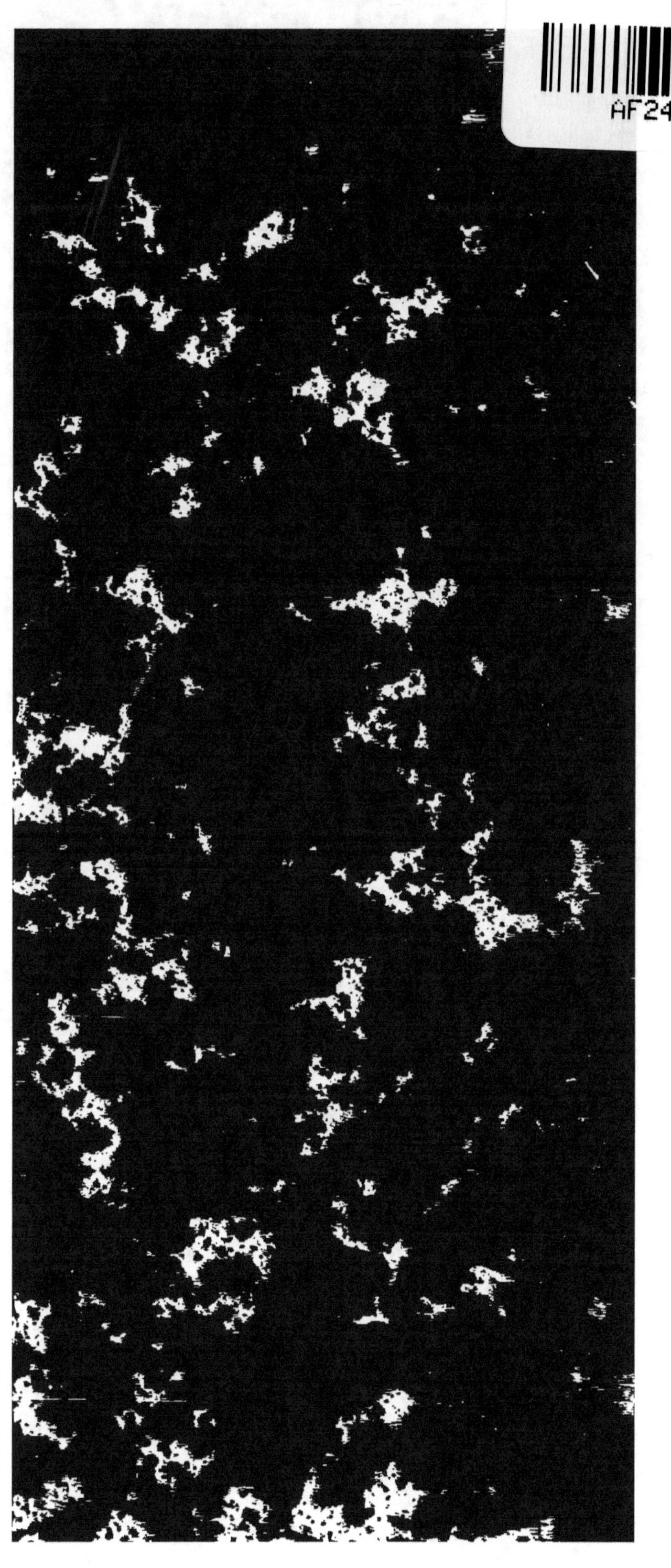

PROJET DE RESTAURATION

DU

SÉPULCRE.

Le Passé, le Présent et l'Avenir de l'Eglise Abbatiale St-Michel.

Par J. COLLIGNON, Avocat.

SAINT-MIHIEL

TYPOGRAPHIE DE V.ᵉ CASNER, RUE DE LA VAUX, 10.

1863

À sa Grandeur Monseigneur l'Évêque de Bayeux et Lizieux.

MONSEIGNEUR,

La population de St-Mihiel n'a point perdu le souvenir de son ancien et vénéré pasteur.

Elle sait bien que, malgré les années, malgré la position élevée à laquelle il a plu à la Divine Providence de vous appeler, elle a conservé néanmoins une place dans votre cœur.

Elle sait encore, Monseigneur, qu'en mettant sous votre puissant patronage la restauration de la tour romane de son Eglise St-Michel qui fut la vôtre, votre généreux concours lui est assuré.

Nous nous estimerons donc trop heureux, Monseigneur, de pouvoir écrire, en tête de la liste des souscripteurs, le nom de notre ancien et bien-aimé curé.

C'est à ces titres, Monseigneur, que j'ose me permettre de placer, sous vos auspices bienveillans, cette brochure dont le sujet et le but ne seront point sans intérêt pour Votre Grandeur.

Je suis,

Monseigneur,

Votre très-humble et très-reconnaissant serviteur.

J. COLLIGNON.

Février 1863.

PROJET DE RESTAURATION

DU SÉPULCRE.

Le numéro du journal *la Meuse*, du samedi trois janvier 1863, publie une lettre de M. Dumont, juge à St-Mihiel, qui fait un appel sérieux à la bonne volonté de ses concitoyens pour la restauration de l'immortel chef-d'œuvre de Ligier-Richier. Cette pensée de M. Dumont est belle, elle est noble, elle est même chrétienne ; elle n'a pu germer que dans un esprit droit et un cœur bien né. M. Dumont offre personnellement, nous assure-t-on, une somme de deux mille francs, ce qui ne doit nullement surprendre de la part d'un homme habitué à faire de sa fortune un noble emploi. C'est dire que, sur le fond du projet, nous sommes, en tous points, d'accord avec son auteur.

Mais, quant aux moyens d'arriver à l'exécution, notre pensée, à nous, est opposée à la sienne.

L'honorable auteur de la lettre proclame que le Sépulcre de St-Mihiel est un chef-d'œuvre incomparable dans la chrétienté ; que le temps et l'humidité lui ont imprimé le cachet fatal de la ruine ; que le personnage principal de ce drame admirable, le Divin Crucifié, *se sépare en deux et peut éprouver des avaries irréparables.* Il ajoute, et, en ceci je le trouve bien indulgent, que le temps est venu de porter remède à un tel état de choses, sous peine d'encourir, *de la part du monde entier, les reproches les plus humilians comme les mieux mérités.*

Cet exposé désolant de la situation est d'une vérité incontestable, et quiconque la nierait aurait des yeux pour ne point voir, une intelligence pour ne point comprendre.

De là découle naturellement une double conséquence : c'est que le Sépulcre de St-Mihiel doit être restauré sans plus de retard, ensuite qu'il est , ou doit être classé comme monument historique , c'est le terme administratif, et comme tel placé sous la haute protection et la surveillance spéciale du gouvernement. Or , il n'est personne qui ignore que tout monument, dans ces conditions , est entretenu par l'Etat seul, ou, tout au moins, collectivement avec les communes spécialement intéressées. Témoins, dans ce département, Avioth, Rembercourt-aux-Pots , et même le Sépulcre qui reçut un subside , fort mal employé d'ailleurs , du gouvernement de Louis-Philippe.

Demandez donc à la municipalité de la ville ; et, en présence du fait grave qui est signalé , elle ne pourra fermer l'oreille à votre pieuse et patriotique réclame; frappez aussi à la porte du ministre compétent , et l'Empereur qui aime le beau , qui se passionne si volontiers pour les arts, daignera vous venir en aide ; même il s'en estimera heureux.

Il nous paraît inopportun de faire appel aux dévouemens privés.

Voilà le premier côté, le côté purement matériel de la question.

Mais il faut l'envisager encore et surtout à son point de vue moral.

Le Sépulcre de St-Mihiel est un chef-d'œuvre grandiose de sculpture. En même temps qu'il révèle la toute puissance du génie de la conception et de l'exécution, il annonce , chez son auteur , une connaissance de la structure humaine vraiment étonnante pour une époque où la science anatomique était peu connue. Et si son œuvre fait, à juste titre, l'admiration des hommes, disons encore qu'elle fut entreprise et exécutée sous l'influence lumineuse de la foi qui seule, quoique disent les sceptiques et les ignorans , a inspiré les grandes choses du moyen-âge.

Aussi M. Dumont est-il dans le vrai quand il proclame que *le monde entier la connaît.*

Hé bien ! noblesse oblige , et , par cela seul que notre ville possède un tel monument , il devient de son devoir et de son honneur de s'imposer des sacrifices, s'il le faut, pour en assurer la conservation, — Gardienne qu'elle est , en quelque sorte, d'un groupe auguste qui intéresse le monde , à elle seule le droit de dire, avec l'Etat : *Je veille , je paie et je conserve.*

C'est donc à la ville , à la ville seule , c'est au gouvernement encore, dans une certaine limite, qu'appartient la gloire de la restauration et de la garde du sépulcre *sinon le plus saint, du moins le plus beau qui soit sur la terre* (*).

Et quand je dis *la ville*, j'entends l'être moral qui s'appelle la cité, l'universalité des citoyens, en un mot, représentés par le conseil municipal.

Ainsi, adopter le mode proposé par M. Dumont, serait humilier la cité, mettre en suspicion le sens et l'amour-propre de ses administrateurs ; ce serait douter du Souverain. Ce serait encore fouler aux pieds le droit des uns et de l'autre en s'arrogeant leurs prérogatives.

Et puis, voyez, les hommes sont ainsi faits, tous, sans exception, que souventes fois il leur arrive de poser un principe pour ensuite en déduire des conséquences contraires. C'est précisément ce que fait M. Dumont. Ecoutez-le : « L'impulsion, dit-il, dans sa lettre, donnée aux embellissemens de la capitale a réagi avec bonheur sur la province, *et toutes les villes* un peu importantes s'empressent de l'imiter *en honorant leurs hommes célèbres*, en restaurant et embellissant *leurs monumens.* C'est clair cela, *toutes les villes*, c'est-à-dire l'être moral, la cité.

C'est ainsi que Paris, en effet, a restauré ses palais, ses bibliothèques publiques, ses musées, ses basiliques gothiques et monumentales, et tant d'autres merveilles de l'art qui font, à juste titre, l'envie et l'admiration des autres nations. C'est ainsi encore qu'ont procédé les cités de province que le génie de l'homme a visitées. Toutes se montrent orgueilleusement jalouses de leurs chefs-d'œuvre, et cette jalousie ne souffre ni rivalité, ni partage. Oui, elles répudient délicatement l'initiative toujours inopportune et souvent blessante des simples citoyens.

Concluez que, subir à son exclusion surtout, le fait des souscriptions privées serait, pour une commune, l'amoindrissement de sa dignité.

Et pensez-vous que la commune de St-Mihiel puisse avoir des

(*) Sanctius, at nullum pulchrius orbis habet.

Nous apprenons que M. Dumont a renoncé à son projet de faire courir des listes de souscription, et que M. le Maire vient de soumettre à M. le Ministre de l'Intérieur la question de la restauration du Sépulcre.

sentimens autres ? Le supposer, un seul instant, serait une insulte jetée à la face de l'autorité locale, et celle-ci a trop le sentiment de son honneur, de ses devoirs et de sa dignité pour souffrir jamais qu'une pareille honte lui soit scellée au front. Disons-le : le conseil municipal de St-Mihiel a donné trop de preuves de son zèle, de son dévoûment à la chose publique, et il tient trop à sa considération pour que la postérité ait jamais le droit de dire de lui :

« Cette ville possède un chef-d'œuvre de sculpture. L'administration de 1863 le laissait tomber en poussière. — Il ne serait plus peut-être sans l'argent des citoyens qui se sont cotisés pour nous le transmettre intact. »

Oui, si les choses se passaient ainsi, et qu'un autre M. Dumont parut dans deux siècles, il écrirait sans hésiter, et avec raison, ces lignes si honorables pour les uns, si flétrissantes pour les autres. (*)

En résumé, la voie des souscriptions doit être fermée ici ; elle doit l'être toujours quand il s'agit de ces propriétés communales auxquelles le temps, ou les évènemens, la gloire, ou le génie a imprimé un caractère de grandeur qui fait l'orgueil des cités, ou des empires.

Sans doute qu'en fait, le concours, mais jamais l'initiative des simples citoyens peut bien être admis dans certains cas tout-à-fait exceptionnels. Aujourd'hui, non, puisqu'il faut tenir pour certain que la ville doit s'en passer, et tiendra à honneur de faire par elle-même.

De quoi s'agit-il, en effet, au point de vue de la dépense ? De dix mille francs peut-être. Cela n'est rien.

En matière de monumens on ne peut, en général, admettre la voie des souscriptions que dans deux cas : d'abord si l'on veut glorifier un grand nom en le posant sur un piédestal, et donner en même temps un noble exemple aux générations futures. C'est ce qui

(*) Après avoir flétri comme elle le méritait la proposition ignoble d'un prétendu notable, qui voulait vendre le sépulcre à des anglais, M. Dumont ajoute : « Honneur, mille fois honneur, au contraire, à celui ou ceux qui un jour auront le courage de sortir de sa caverne et de remettre en lumière ce précieux trésor qui assurera mieux la gloire de son auteur que toutes les statues que la mode inspirerait de lui élever. T. III. p. 331.

se passe, en ce moment, en Suède, pour la statue du fondateur de la dynastie des Bernadottes. Nous l'admettons aussi s'il s'agit de créer une œuvre d'utilité, ou d'intérêt local, ou bien de l'embellissement, par exemple, d'un édifice public qui jouit d'un certain renom dans la contrée, et c'est ce qui se voit tous les jours.

Encore, dans le premier cas, les communes, la province, l'Etat doivent-ils avoir l'initiative, et alors le concours spontané et empressé des citoyens ne fait qu'ajouter à l'éclat du grand homme dont on veut honorer et perpétuer le souvenir.

Dans le second cas, le budget public peut être très-utile, sans aucun doute; mais s'il fait défaut, les bourses privées peuvent s'ouvrir sans qu'il en résulte un froissement pour de hautes et légitimes susceptibilités.

Disons donc que les révélations positives de M. Dumont sont une solennelle mise en demeure pour la ville de Saint-Mihiel qui saura s'élever, personne n'en doute, à la hauteur des obligations qu'elles lui imposent, si elle ne veut point encourir le blâme sévère de la postérité.

Le Passé, le Présent et l'Avenir de l'Eglise Abbatiale St-Michel.

Ce monument occupe, sans contredit, le premier rang parmi les nombreux édifices publics de la ville de St-Mihiel qui ont un caractère d'utilité, ou d'intérêt purement local. Des hommes vénérables, pleins de zèle pour l'embellissement de la ville, et plus encore pour le culte de Dieu, ont eu la pensée heureuse d'ajouter à la splendeur de cet édifice en restaurant sa tour romaine, et en la décorant, si faire se peut, d'une flèche en harmonie avec son style sévère. Leur idée est grande, religieuse surtout. A ce double titre elle sera populaire dans cette cité qui n'est point ennemie des arts et qui repousse de plus en plus les désolantes théories du siècle passé. Celui qui écrit ces lignes n'est que le faible écho de leur généreuse conception, et il forme des vœux pour que ses concitoyens, ceux de la paroisse St-Michel surtout, répondent à l'appel qui leur sera fait ; certain qu'il est des sympathies de l'administration.

Avant d'examiner la grave question de la restauration projetée, il n'est pas sans utilité d'étudier un monument qui est l'objet de la vénération publique.

ÉGLISE PRIMITIVE CONSTRUITE PAR SMARAGDUS.

L'histoire de ses transformations nombreuses et successives n'a jamais été faite. Mais si l'on veut prendre la peine d'examiner, d'analyser cet édifice, au point de vue archéologique surtout, il se chargera lui-même de tracer cette histoire de ses vicissitudes. Les blocs de pierre qui le composent mettront à nu des élémens de certitude qui vaudront bien des chartes souvent apocryphes, ou des inscriptions tumulaires qui parfois sacrifient la vérité, l'exactitude des faits, au besoin de louanger, avec excès, ceux qui ne sont plus.

Ce qui est vrai aujourd'hui l'était également autrefois : les hommes d'une valeur réelle sont rarement appréciés des contemporains ; parfois même ils se voient impitoyablement immolés, de leur vivant, sur l'autel de l'Envie. Viennent-ils à mourir, alors on les exalte outre mesure, ce qui est une double et hypocrite lâcheté.

Interrogeons l'église actuelle ; elle nous dira tout son passé.

M. Dumont pense que l'abbé Albertus qui mourut en 1073 rebâtit son église qui dès-lors prit la place d'une autre dont les proportions étaient moins imposantes, moins en rapport avec les besoins de l'abbaye. Il pense aussi que c'est cette église d'Albertus qui fut démolie au commencement du siècle dernier, pour faire place à celle d'aujourd'hui.

Pour ce qui est d'une église antérieure à l'époque d'Albertus, nous partageons l'opinion de M. Dumont. Un fragment de l'église actuelle nous donne la certitude de ce fait, et c'est aux recherches savantes de M. Démoget, architecte à Bar-le-Duc, que nous devons la découverte de ce curieux vestige. Il consiste dans une petite porte latérale au côté extérieur du transsept nord malheureusement recouverte de badigeon. Les traces de cette porte encore bien visibles aujourd'hui sont un fragment des constructions du IXe siècle, tradition précieuse qui prouve que l'église primitive date de l'époque carlovingienne, et que c'était une construction romano-bysantine. On sait, en effet, que c'est l'abbé Smaragdus qui, un siècle environ après la fondation de l'abbaye sur la crête élevée d'une montagne, la transféra sur les rives de la Meuse, non loin du confluent de la Marsupe. On conserva seulement sur la hauteur un oratoire près duquel résidèrent quelques frères. L'annaliste naïf et charmant qui nous transmet ces détails ajoute que ces frères étaient chargés d'y célébrer l'office divin et de prier pour les morts, car on continua d'enterrer les membres de la communauté près des premiers pères du monastère. (*) L'église primitive fut donc construite par l'illustre Smaragdus, l'une des lumières les plus éclatantes de son siècle, dit M. Guizot dans son histoire de la civilisation, et qui fut tout à la fois le contemporain, l'ami et le conseil du grand Karolus, empereur d'Occident. (**)

Il est plus que probable que la petite porte latérale dont nous venons de parler a toujours occupé la place où elle se voit encore, ce qui indiquerait que le transsept primitif avait les mêmes proportions, en longueur, que celui qui existe. Si on faisait des fouilles en cet endroit, à la base des murs, on retrouverait, à n'en pas douter, la trace des anciens soubassemens et le niveau primardial de l'édifice. Des fouilles intérieures habilement ménagées amèneraient probablement aussi la découverte de fragmens de pavés en terre cuite de la même époque.

(*) St-Christophe vient d'être légué à M. Renel, avocat. Ce dépôt sacré ne pouvait être confié à des mains plus dignes.

(**) Nous espérons pouvoir un jour publier une notice sur les œuvres remarquables de cet illustre contemporain des Alcuin, des Angilbert des Leidrade, des St-Benoit d'Aniane et de tant d'autres qui, sous l'impulsion énergique de Charlemagne, ont relevé l'Europe d'une décadence constante, universelle. Il était abbé de St-Mihiel dès avant 805. En 809, il fut employé à diverses négociations avec Rome, et mourut vers 819.

TRAVAUX EXÉCUTÉS PAR ALBERTUS.

La première transformation date de la fin du XIe siècle ; elle a eu lieu sous le gouvernement de l'abbé Albertus.

Mais, malgré la charte de l'évêque Thierry de Verdun, malgré l'inscription trouvée, de nos jours, dans le tombeau d'Albertus, malgré les autorités fort respectables d'ailleurs de Dom de l'isle et de M. Dumont, nous ne pensons pas qu'Albertus ait jamais construit un corps d'édifice ; seulement il a pu restaurer l'ancien. Ce qu'il y a de certain, c'est que la grosse tour romane est de lui. Il n'en fallait pas davantage pour justifier la charte de Thierry et l'inscription tumulaire. Il ne faut pas croire que cette tour était telle que nous la voyons. Le XVIe siècle l'a horriblement mutilée en lui donnant notamment ces trois vilaines baies cintrées et cet ignoble dôme que la ville vient de faire restaurer à grands frais. Les baies primitives devaient être semblables à celles qui, au nombre de trois, existent encore sous les combles. Le dôme devait être peu élevé, mais en pierre, de forme arrondie et orné d'écailles de poisson, ce motif d'ornementation étant souvent usité dans l'architecture antique, et dans celle du moyen-âge. Il a été employé avantageusement depuis sur les dômes des tours de la cathédrale de Nancy.

ÉGLISE REBATIE AU XIIIe SIÈCLE.

Si Albertus avait construit un corps d'édifice, il faudrait admettre que sa construction a été démolie au XIIIe siècle et qu'il n'en est pas resté pierre sur pierre. L'édifice actuel, en effet, ne présente, à son intérieur, aucun vestige sérieux du style roman ; les traces au contraire d'une église du XIIIe siècle y sont nombreuses ; elles fourmillent. Il n'est pas supposable, d'ailleurs que l'œuvre d'Albertus aurait disparu au bout de deux siècles seulement. Mieux vaut admettre qu'elle n'a jamais existé. Disons-donc que ce n'est pas à une église du XIe siècle qu'a succédé celle que nous voyons, mais bien à une église du XIIIe siècle. C'est ce que nous allons démontrer.

En principe chaque siècle a toujours eu son caractère, son cachet particulier. Ainsi les langues, la littérature, les arts, les mœurs, les habitudes et même le costume tout a varié, non-seulement dans les temps modernes, mais encore dans le cours des âges antérieurs, avec la double succession des évènemens et des siècles. Cela est tellement vrai qu'il suffit de lire une inscription, de voir une peinture, une statue, un débris même de colonne pour préciser l'époque de leur création, avec autant de certitude que s'il s'agissait d'une œuvre littéraire. C'est à l'aide de ce principe incontestable que nous croyons pouvoir affirmer qu'une église du XIIIᵐᵉ siècle, après divers changemens partiels et successifs, a fait place enfin à celle du XVIIIᵉ siècle.

Après la porte dont il vient d'être parlé, les parties les plus antiques de l'édifice, dans œuvre, ne remontent pas au-delà du XIIIᵉ siècle. Elles sont toutes de cette époque.

Occupons-nous d'abord des transsepts. Si on examine isolément et dans son ensemble cette partie la plus intéressante des voûtes, on acquiert bien vite la conviction qu'elle a plus de cinq siècles d'existence, qu'elle date du XIIIᵉ siècle, et qu'elle n'a jamais été démolie. Elle date du XIIIᵉ siècle, parce que c'est le style architectural simple, sévère et pur de cette grande époque. Ses voûtes n'affectent plus les formes lourdes, basses et cintrées du roman ; elles n'affectent pas encore les splendeurs du style flamboyant qui se développa plus tard. C'est le gothique pur, le gothique à sa naissance. Nous retrouvons en effet le XIIIᵉ siècle dans les arcs doubleaux, dans les clefs de voûte, et enfin dans toutes les vigoureuses nervures diagonales qui aboutissent à ces clefs si artistement fouillées. C'est en un mot l'ossature de ce siècle.

A l'époque de la construction actuelle, ces voûtes n'ont point été démolies et tous leurs supports par conséquent ont été conservés. Ainsi les deux gros pilliers carrés, et les pilastres qui y correspondent recèlent nécessairement, dans leur intérieur, les colonnes et les pilastres primitifs qui demeurent cachés et mutilés sous un vêtement moderne. (*) Mais ce qui prouve jusqu'à la dernière évidence, que la voûte est restée debout, c'est que les voussoirs, à

(*) Une expérience peu coûteuse démontrerait infailliblement l'existence de ce rhabillage.

leur naissance, contrairement à toutes les règles de l'art, ne tombent pas à plomb du fut des colonnes et des pilastres. On voit même en plusieurs endroits des restes de chapiteaux gothiques, ce qui achève la démonstration.

Si maintenant on se transporte dans les combles, on voit que ces voûtes n'ont point été élevées à la même époque que les autres, qu'elles portent, comme à l'intérieur du reste, un cachet plus ancien, et qu'elles sont un peu moins élevées. Cette légère différence dans la hauteur se remarque également dans œuvre. Concluons donc que les surfaces internes n'ont jamais été démolies non plus, et que le transsept d'autrefois avait les mêmes proportions que celui d'aujourd'hui. On pourrait même affirmer que les murs n'ont pas été démolis, sauf à leur partie centrale et supérieure, ce qui était nécessaire pour la construction des fenêtres qui ont dû remplacer deux grandes roses vitrées. Il n'est personne en effet qui ignore que ces roses qu'on voit s'épanouir, avec tant de graces, dans les églises gothiques ont remplacé les fenêtres géminées du roman primitif. Le transsept du XIIIe siècle avait donc nécessairement des roses.

Enfin l'état de vétusté de ces murs et leurs matériaux relativement inférieurs attestent leur ancienneté.

Les nefs collatérales étaient, comme toutes celles des édifices gothiques, moins élevées de voûte que la nef principale, et le tout a été démoli; mais on a pris le soin de faire servir les matériaux primitifs. Ces voûtes ont été démolies, parce qu'ici les voussoirs, à leur naissance, tombent bien aplomb du fût des colonnes et des pilastres. Les matériaux primitifs ont été réemployés, parce que toutes les nervures diagonales sont les mêmes que celles du transsept, comme l'indique du reste la harbure de ces arêtes. En un mot, toutes les ossatures sont les mêmes. Il est fort heureux, disons-le en passant, que les voûtes du transsept aient été conservées. Sans cela, toutes les voûtes seraient, comme celles du chœur, dans le style de la renaissance et nous n'aurions point cet ensemble magnifique et vigoureux qui atteste l'antique splendeur.

Si donc, et cela est désormais certain, les voûtes ont été entièrement reconstruites au XIIIe siècle, il faut en conclure de toute nécessité que ce n'est qu'à cette époque que l'église Carlovingienne a été démolie, et non, comme le croit M. Dumont, deux siècles auparavant. Albertus n'a fait que la grosse tour dont la structure rectangulaire prend une forme un peu oblongue d'occident en orient. Nous l'avons dit, ce système désormais le seul admissible, n'est point exclusif d'embellissemens exécutés, par Albertus, dans l'église de Smaragdus. Mais l'édifice actuel n'en offre point de traces. Il faut reconnaître pourtant que la clef du centre de la nef principale diffère essentiellement de toutes les autres qui sont modernes. Celle-là est romane : sa forme arrondie et ses ornemens l'indiquent. Elle a dû être trouvée dans des ruines et mise où elle est par un caprice de l'architecte.

TRANSFORMATIONS POSTÉRIEURES AU XIIIe SIÈCLE.

Postérieurement au XIIIe siècle, l'édifice a subi de nombreux changemens partiels. Ainsi les baies de la tour romane sont, nous l'avons dit déjà, du XVIe siècle, époque bâtarde entre le gothique et la renaissance. On devra les remplacer par les baies primitives qui sont d'une rare magnificence, et qui demeurent perdues dans les combles. Puisque nous sommes sur le parvis, disons encore que le petit portail en pierre blanche incrusté dans le robuste portail roman date également de la fin du XVIe siècle, ou du commencement du XVIIe. Ce petit bijou est gracieux, et M. Démoget pense qu'il mérite d'être restauré et conservé. Une telle autorité doit inspirer confiance.

Rentrons dans l'édifice, et portons d'abord nos regards vers les chapelles latérales dont les arcatures cintrées sont peu en rapport avec le style général de la nef. Les fenêtres sont du XVIe siècle. Les unes ont conservé la forme ogivale, ce sont les plus belles, et les autres se terminent par un cintre. Somme toute, elles n'ont rien de merveilleux. Elles ont dû appartenir à des chapelles construites au XVIe siècle, et l'architecte moderne a jugé convenable de les replacer. Mais l'action de ce siècle bizarre se fait sentir, dans notre monument, par un fait bien autrement remarquable. Nous voulons parler des statuettes étranges qui décorent les clefs de voûte de ces mêmes chapelles. Pour rendre intelligible la curieuse description que nous allons en faire, il est indispensable de faire connaître au lecteur un épisode de cette époque fantastique.

Il s'est fait, à la fin du XVe siècle, une petite révolution sociale dont le foyer principal fut la Suisse, et notamment la ville de Bâle. Certains hommes hardis et précurseurs sinistres de la grande réforme religieuse qui, quelques années plus tard, allait ébranler l'Europe, en foulant aux pieds le principe de l'Autorité, avaient rêvé l'égalité sociale absolue. Ils en avaient trouvé le motif dans l'égalité réelle d'outre-tombe. Leurs théories ne purent, on le comprend bien, pénétrer dans les mœurs ; mais elles sont restées vivantes dans les monumens du temps. C'est la *danse Macabre* ou *ronde infernale*. Cette danse qui n'est, au fond, autre chose qu'une allégorie ingénieuse, figure la fatalité qui condamne tous les humains à l'égalité devant la mort. Elle a été souvent reproduite à la fin du XVe siècle, et surtout dans le cours du XVIe par les peintres et par les sculpteurs.

On la vit représentée dans un grand nombre de cimetières, et aussi dans quelques églises. Cette ronde infernale est dansée par des morts de toutes les conditions, et de tous les âges. Rois et sujets, papes et moines, prêtres et religieuses, gens de justice avec cortége d'huissiers leur accessoire forcé et les pauvres diables que ceux-ci ont tourmentés pendant la vie ; riches et pauvres, vieillards et enfans tous figurent sur la scène avec leurs costumes caractéristiques, et leurs têtes sont des têtes de morts. Ils dansent pêle-mêle, et leur danse est bien une danse infernale. On connaît surtout celle de Holbein, célèbre peintre suisse qui mourut de la peste, à Londres, en 1554.

La danse Macabre a été écrite d'abord en allemand, et la plus ancienne édition qu'on en connaisse remonte à l'an 1485. Elle a été exhumée, en 1811, de la bibliothèque de Grenoble, par M. Champollion Figeac.

Souvent les artistes, au lieu de représenter des scènes d'en-

semble, et ils n'osaient pas toujours le faire, dans les églises surtout, se bornaient à jeter çà et là, sous forme d'accessoire, qui
passait comme inaperçu, des personnages isolés de cette danse des
enfers. C'est précisément ce qui se voit dans notre église. Nous
devons ajouter que parfois il arrivait que, pour rendre la chose
plus étrange encore, l'artiste faisait intervenir les vivans. C'est ce
que fit Holbein, dans sa danse peinte à fresque sur les murs du
cimetière de Bâle. Il donnait toujours la préférence aux oppresseurs du pauvre peuple. (*)

Maintenant que les faits généraux sont compris, portez vos regards sur les clefs de voûte des chapelles latérales nord, et vous
y contemplerez, tout à loisir, cinq personnages de la danse Macabre dont les deux premiers vous feront horreur.

Le premier, celui qui est au-dessus de la porte d'entrée, paraît
tout fier de sa tête décharnée qu'il élève avec orgueil. Cette tête de
mort porte une couronne, c'est un roi ou un empereur. Un manteau de fourrures retenu par de riches agrafes ornées de coquillages
est jeté sur ses épaules qui tombent en lambeaux, et un petit St-
Michel terrassant Lucifer est suspendu à son cou. Ce petit détail
est précieux parce qu'il prouve que nos personnages ont toujours
appartenu à la basilique St-Michel.

Le deuxième porte également sur sa tête de mort les débris d'une
couronne ou d'une tiare. Une petite fraise règne autour de son cou,
son manteau est couvert de broderies et le reste du costume paraît
être spécialement celui d'un dignitaire de l'Eglise.

Le troisième, c'est une femme jeune, belle, aux formes gracieuses. Sa tête est ornée d'une légère couronne, et un banbeau de lin lui voile les yeux. Ne serait-ce point Vénus qui si bien
sait remplir son rôle dans les danses infernales ?

Le quatrième est un fier guerrier ayant casque en tête. Ce
casque de forme arrondie est orné, à son sommet, d'une feuille
d'acanthe à triple segment denté, comme on en voit aux chapitaux
corinthiens. Cette belle tête porte une barbe magnifique et la poitrine et les épaules s'abritent derrière une cuirasse comme en portaient les preux.

(*) Erasme, son ami, a écrit sa vie.

Le cinquième enfin est une charmante jeune femme aux longs cheveux bouclés qui flottent négligemment sur ses épaules. Un médaillon orne sa poitrine, elle a le costume raide du XVIe siècle.

Il nous vient une réflexion : c'est que ces deux derniers personnages ne sont pas en très-bonne compagnie. Mais s'ils figurent dans une danse Macabre, c'est que sans doute ils devaient, après leur mort, fixer leur demeure aux enfers.

Ces cinq bustes sont d'une assez belle exécution ; ils datent tous de la même époque et ne font point corps avec les clefs, ce sont des pièces rapportées.

Il est vraiment regrettable que ceux qui existaient en face, sur les clefs des chapelles méridionales, aient été détruits. C'est l'orgie de 93 qui a ainsi mutilé la petite orgie du XVIe siècle qui pourtant devait être un peu de sa parenté. Mais l'Ecriture l'a dit : *L'iniquité se ment souvent à elle-même.* Quoiqu'il en soit, la déesse Raison a dû rire d'un fou rire lorsque, faisant son entrée triomphale dans le temple, elle y retrouva les restes des saturnales d'une autre époque. Il faut bien espérer, dans l'intérêt de l'art, qu'un jour ou l'autre notre Thirion sera appelé à rendre à la danse Macabre les personnages qui lui manquent. Il lui sera facile, nous en sommes sûr, d'exécuter cinq figures plus ou moins grimaçantes.

Il existe dans la gracieuse chapelle des fonds baptismaux construite, il y a quelques années, sur les plans de M. Démoget, un petit groupe qui est encore, ce nous semble, une réminiscence de la danse Macabre. C'est un enfant qui joue avec deux têtes de mort. Ce fragment est de Ligier-Richier qui, on le sait, vivait au XVIe siècle. Il serait mieux placé dans une chapelle dédiée aux âmes du Purgatoire.

Et le XVe siècle, a-t-il donné quelque chose à cette curieuse église ? Oui ; lui aussi a voulu lui payer son tribut. On voit, à l'extérieur de l'édifice, dans la cour du collége, une magnifique porte ogivale très riche d'ornemens. Malheureusement elle est enfermée dans une espèce de cage immonde et ses restes précieux sont souillés et rongés par des dépôts incessans de matières corrosives et infectes. Elle serait bien à sa place, à côté de son aînée, si un jour elle venait remplacer la porte moderne et insignifiante qui sert habituellement d'entrée principale. Espérons toutefois qu'en attendant son déplacement , M. le Maire dont la sollicitude s'étend à tout , saura prendre les mesures nécessaires pour que désormais elle soit respectée. Le mal est signalé , on y portera remède.

ÉGLISE ACTUELLE.

Des recherches auxquelles nous venons de nous livrer il résulte la preuve que l'édifice actuel ne peut revendiquer , comme lui appartenant en propre , dans œuvre, que le plein des voûtes des trois nefs, avec leurs grandes arcatures seulement; les murs, (sauf pourtant quelques fragmens de ceux du transsept), avec leurs hautes fenêtres quasi ogivales, la file des colonnes avec leurs pilastres, et enfin le chœur dans tout son entier. Les matériaux du XIIIe siècle sont tellement nombreux et forment une partie si essentielle de l'ensemble que le constructeur moderne s'est vu dans la nécessité d'adopter l'ogive pour ses grandes arcatures et même d'éviter le plein cintre pour ses fenêtres. Dès-lors on se rend compte difficilement du motif qui a pu le déterminer à adopter le cintre pour les chapelles latérales. Il y a là quelque chose de l'*humano capiti* d'Horace et qui justifie , jusqu'à un certain point, la critique de M. Dumont. Mais ce qui ne se comprend pas , c'est que quatre, de ces chapelles ne sont que simulées , et ce défaut donne aux nefs latérales quelque chose d'écourté qui déplaît souverainement. Ce n'est pas l'espace qui manque , et, avec de l'argent , on remplirait facilement cette lacune.

Le chœur qui malheureusement ne devait rien conserver de primitif, a reçu, dans toutes ses parties , le style capricieux et riche de la renaissance, car ici l'architecte se trouva parfaitement à l'aise, peu gêné qu'il était par les traditions du passé. Son histoire est donc toute faite , et il ne nous reste qu'à en donner la description sommaire. Il est la partie principale du siècle dernier. Vu de l'extérieur, de loin surtout, dans la direction de la route de Nancy , il forme un tout bien proportionné, léger , symétrique, et ses tours si riches , si gracieuses , mais trop peu élevées , ajoutent encore à l'élégance de ses formes. Que dire de son intérieur ? Les arcatures des voûtes sont d'une richesse vraiment royale; leur éclat dans les angles du rond-point est rehaussé par deux cariatides splendides au chef orné d'une guirlande de fleurs de forme triangulaire. Sur les murs se dessinent de légers pilastres avec chapiteaux composites ; et une frise admirable qui règne dans le pourtour est là comme un diadème de perles au front d'une princesse. Les boiseries sont du Louis XIV pur ; elles seraient magnifiques si enfin on les échenillait de cet ignoble badigeon jeaunâtre qui est là comme de la boue sur un manteau de pourpre. Une chose digne de remarque , c'est que quelques panneaux de cette boiserie sont de la fin du VVIe siècle. Proviennent-ils d'une boiserie plus ancienne, ou bien ont-ils été faits à dessein , et par caprice , c'est ce que nous ne pouvons dire. Au bras de l'une des stalles du haut, côté droit, on voit, au-dessous de la tête de l'ange, un petit St-Michel , véritable miniature du tableau patronal , qui domine l'autel de la Sainte-Vierge. Ces stalles sont d'une richesse surprenante. La variété infinie de leurs ornemens prouve le bon goût de l'artiste et la fécondité de son imagination. Des sculptures sont prodiguées partout , même sur les miséricordes , malgré leur destination modeste. (*)

L'autel de la Vierge est affreusement laid. C'est un chétif tombeau du marbre le plus vulgaire posé sur un échantillon formidable des carrières de Varvinay.

Il est peu digne des demoiselles de St-Mihiel ; il l'est moins encore nécessairement du groupe de Ligier-Richier qui représente admirablement la *Mater dolorosa* soutenue par le disciple bien-aimé. À l'entrée du chœur, de chaque côté du maître-autel, style Louis XV, s'élèvent deux niches habilement sculptées auxquelles on a donné, depuis peu , deux statues, St-Benoît et Ste-Scholastique , qui ont coûté plus qu'elles ne valent. Tristes ornemens , au milieu de tant de splendeurs !

On se demandera peut-être, et c'est une question que nous nous

(*) On appelle *miséricorde* la console placée sous la partie mobile du siége d'une stalle sur laquelle le prêtre peut s'asseoir à demi quand cette partie est levée.

sommes posée bien des fois, pourquoi ce chœur est rétréci à son entrée, pourquoi cette même entrée, sur les côtés, se trouve complètement fermée, contrairement aux dispositions prises pour les cathédrales, et même pour les églises paroissiales ; pourquoi enfin il est masqué par les colonnes rectangulaires et par leurs pilastres. La raison de cette disposition qui est la même dans toutes les églises abbatiales est que les religieux, dans leurs stalles, devaient être, autant que possible, inaperçus des fidèles, et à l'abri de toute distraction mondaine. (*)

Si maintenant nous parcourons de l'œil les nefs modernes, l'attention se fixera d'abord sur le buffet de l'orgue l'un des plus beaux peut-être qui soient en France. On ne saurait mieux le comparer qu'à celui de St-Etienne-du-mont de Paris. Ses sculptures sont d'une abondance, d'une richesse incomparable. Mais hélas ! le badigeon ne l'a pas non plus épargné, et le pinceau, l'ignoble pinceau du barbouilleur l'a, lui aussi, couvert de boue.

Cette masse énorme se supporte au moyen de deux consoles, et de deux poutres de chêne masquées par des cariatides d'un bel effet. Mais il était à craindre que les murs nouveaux plaqués, en quelque sorte, contre les anciens, fussent poussés au vide, et la prudence a exigé d'autres garanties de solidité. Telle est la cause de l'existence des deux colonnes doriques qui ont été mises là dès l'origine. (**) Leur base est trop élevée, trop massive. On pourrait facilement la baisser, et si, en même temps, on donnait à ces colonnes des cannelures, à deux tiers de hauteur, alors elles n'offenseraient plus la vue, et seraient en harmonie parfaite avec celles de la nef.

Le fût de ces colonnes est orné à sa partie supérieure de quatre médaillons qui ont fixé notre attention. Le premier, celui qui regarde les fonts de baptême, représente une belle jeune fille vêtue à l'antique ; elle est debout, la main droite fièrement appuyée contre la hanche, et de l'autre elle présente un bassin. Derrière elle, se voit le château de Maquéronte. C'est la fille d'Hérodiade qui demande

(*) L'arcade centrale du chœur porté le millésime de 1706. L'une des stalles porte celui de 1768.

(**) Les supprimer serait une lourde imprudence.

la tête de S.ᵗ Jean-Baptiste (*). Le médaillon correspondant représente, en effet, un soldat féroce tenant d'une main son glaive renversé et de l'autre, par les cheveux, la tête du St-Précurseur qu'il présente à la nièce d'Hérode. Ce petit et horrible drame est d'une belle exécution. Sur le premier médaillon du fût de l'autre colonne est un ange tenant à la main un flambeau allumé, et sur l'autre, on voit une femme vêtue d'un large manteau flottant et dont les pieds paraissent reposer sur des nuages. L'un est un symbole sans doute, mais que nous ne pouvons trop expliquer, et rien, dans l'autre, n'indique que ce puisse être une Assomption, car ce petit personnage paraît avoir une main appuyée sur un objet mutilé et dont l'indication nous paraît impossible. L'examen que nous avons fait, depuis peu, d'une grande mosaïque (*opus musivum-musaïcum tesselatum*) et sur laquelle nous avons vu les mêmes personnages, avec attributs semblables, nous donne à penser que ce doit être une Annonciation. On remarque, en cet endroit, une petite porte qui conduit à la tour. Elle avait autrefois quelque chose de monumental. Mais pour échapper à la nécessité d'une restauration, on a pensé devoir tout démolir. Et pour faire quoi? Une porte avec chambranles en bois qui dénotent l'entrée d'une cuisine.

Que dire maintenant de l'ensemble des nefs? Leurs proportions sont belles, légères, imposantes; les voûtes avec leurs grandes arcatures qui ne manquent ni de grace, ni de hardiesse, ont un reflet réel de majesté qu'elles doivent surtout aux nervures diagonales de l'antique édifice ; et, supportées qu'elles sont par des colonnes cannelées, simples et riches tout ensemble, elles ont quelque chose qui porte l'âme vers le ciel.

Mais il existe deux portes d'intérieur donnant entrée dans les transsepts. C'est du Pompadour qui n'a nullement sa raison d'être surtout dans la partie de l'édifice qui a conservé les traces les plus énergiques des mâles beautés du XIII siècle.

(*) Hérode Antipas, Tétrarque de Galilée, avait répudié la fille d'Arétas, roi de Pétra, pour épouser l'infâme Hérodiade, femme de son frère Philippe. Jean-Baptiste dont la sainteté inspirait à Herode autant de respect que de crainte, lui reprochait sans cesse l'odieux de sa conduite. Mais Herodiade qui connaissait la faiblesse du prince fit danser devant lui sa fille Salomé. Celle-ci le fit avec tant de grâce qu'Herode lui promit de lui accorder tout ce qu'elle lui demanderait. Salomé consulta sa mère qui lui donna le conseil de demander la tête de Jean-Baptiste.

Avant de pénétrer dans le chœur on peut aussi remarquer , à gauche d'une petite porte extérieure , deux niches géminées d'une assez belle exécution. Elles sont ornées de statues. L'une de ces statues est le comte Wulfoade fondateur de la célèbre abbaye de St-Mihiel. Il est revêtu de son costume de guerre et tient , de la main droite, une petite église dont il ne reste que des débris. A côté de lui, dans l'autre niche, est son chapelain tenant en main une sacoche. Cette sacoche, le rabat, la robe aux larges manches, et surtout l'emplacement qu'occupe ce personnage, hors de l'église, ont donné à penser que ce pourrait bien être St-Yves patron des avocats. Mais c'est une erreur. Si notre glorieux patron ne se voit pas dans le temple, il n'est pas non plus à la porte. (*)

Allez maintenant à la sacristie , et vous pourrez admirer, en passant, les restes d'une chapelle en pierre dont la niche est de toute beauté. On pourrait, à peu de frais, la placer dans l'intérieur. Au-dessus de la porte d'entrée de la petite sacristie existe un bas-relief qui , selon toute probabilité, représente la marche de l'arche sainte restituée, par les Philistins, aux enfans d'Israël. Il serait difficile aujourd'hui d'apprécier la valeur artistique, de ce bas-relief, recouvert qu'il est d'un épais et sordide badigeon.

La grande sacristie est d'une magnificence dont rien n'approche et ses boiseries sont encore, de même aussi que celles de la bibliothèque, du Louis XIV pur. Peut-être pourrait-elle , ainsi que le chœur, être tenue d'une manière un peu plus convenable.

Dirons-nous un mot des autres parties de l'ameublement de l'église St-Michel ? Il faut bien le reconnaître, il fait généralement pitié. La chaire est, il est vrai , d'une belle exécution. Mais elle est surmontée d'un dais immense (abat-voix) qui sans doute est l'œuvre d'un charpentier. Les chapelles latérales sont affublées d'autels misérables dont la place serait beaucoup mieux dans les combles ; il faut expulser également leurs pauvres grilles qui envahissent la nef. Le transsept lui-même subit la présence de deux autels, contrairement aux règles de l'art et qui sans doute sont sortis des mains d'un maçon. Ceux en marbre blanc de la Ste-Vierge et de St-Pierre sont passables et peuvent à la rigueur être conservés provisoirement.

(*) Les niches et leurs statues sont dans un état d'abandon et de délabrement qui fait peine à voir.

Que penser du Chemin de Croix? Il a coûté, dit-on, plus de huit mille francs : c'est trop, beaucoup trop pour une pâte-carton sans valeur artistique aucune. Toutefois l'encadrement en fonte a un certain mérite. L'accessoire est donc tout, le principal n'est rien.

Quelques tableaux décorent les murs et ne sont pas par trop mauvais. Celui de St-Michel qui est l'œuvre d'un enfant de Saint-Mihiel mérite d'être vu. Notre-Seigneur servi par les anges a une fort belle tête ; le reste est insignifiant. L'Adoration des Mages est, somme toute, ce qu'il y a de mieux. Quant au martyr de St-Livin évêque, c'est une assez médiocre copie d'un peintre flamand.

En terminant la description de notre église abbatiale il est rigoureusement nécessaire de dire un mot de cet affreux badigeon dont l'ignorance et la sottise l'ont couverte en 1817 ou 1818. L'administration de cette époque aurait, dit-on, dépensé des milliers de francs à cette triste besogne. Dieu fasse paix à ces pauvres gens !

La persistance opiniâtre que mettaient les fabriques et certains curés à étendre sur les parois de leurs anciennes églises une couleur tantôt jaunâtre, tantôt grise, tantôt blanche, malgré les protestations énergiques des artistes et des savans, était vraiment désolante.

Le prétexte commun est la propreté. Comme si la propreté exigeait qu'on revêtit la pierre de taille d'une boue qui empêche de la voir, et qui peut laisser croire que l'édifice n'est réellement construit que de pauvres matériaux dissimulés sous un enduit qui rend lourdes et grossières l'architecture et les sculptures les plus fines et les plus délicates.

Que la Flandre, la Belgique, la Hollande recherchent le badigeon, cela s'excuse, jusqu'à un certain point, leurs églises étant bien moins riches de détails architectoraux que les nôtres. Mais voyez l'Auvergne, par exemple, ses églises belles et noires ont ce sombre majestueux que n'aura jamais une église fardée à l'instar d'une vieille coquette. Le fard dans une église, c'est la stupidité du vieillard qui se ferait noircir les cheveux.

Souvent aussi les fabriques dépensent des sommes fabuleuses pour

la décoration accidentelle des autels, et encore pour l'achat d'ornemens sacerdotaux somptueux. Ce sont là des accessoires utiles sans
doute, mais qui ne devraient venir qu'après les choses de première
nécessité comme la restauration de l'édifice.

Nous proscrivons donc le badigeonnage de l'église St-Michel, et
nous aimons à penser que M. le curé Maucourt, dont le zèle et le
bon goût nous sont bien connus, va prendre, à cet égard, des mesures promptes et énergiques. M. Démoget, à l'obligeance et aux
lumières duquel nous devons des renseignemens précieux, estime
que la dépense totale n'excéderait pas douze cents francs. A l'œuvre
donc ! à l'œuvre ! et votre église si digne de votre sollicitude, et
dont vous êtes fier, à juste titre, reprendra, à l'exemple de celle
Saint-Sulpice de Paris, toute sa splendeur primitive.

Tel est le passé, tel est le présent de l'église abbatiale St-Michel.

Voyons maintenant comment la juge M. Dumont. « Cet édifice,
dit-il, est riche d'ornemens, mais il blesse les exigences de l'art
et ne peut flatter que le goût du vulgaire. L'effet principal a été de
jeter des flots de lumières dans un vaisseau qui gagnerait probablement davantage à n'avoir qu'un jour mystérieux. Les petites croi-
sées des chapelles latérales, qui sont seules restées, permettent de
juger ce que pourraient être les autres qui ont été agrandies outre
mesure. »

Et ailleurs M. Dumont ajoute : « Sans souci des savantes combinaisons des anciens qui donnaient à leurs églises un prestige religieux abandonné de plus en plus de nos jours, l'abbé Maillet
sur-éleva, dans toutes ses parties, l'édifice de ses prédécesseurs,
et, au lieu d'un oratoire mystérieux, décoré de sa crypte et de son
élégant Jubé, *il offrit à la divinité le grand salon vide resplendissant
de lumière que nous voyons aujourd'hui.* »

Nous n'admettons point, certes, le grand salon vide ; mais
volontiers nous nous associons aux regrets de M. Dumont sur
l'abandon qui a été fait des styles sévères et primitifs. Sans doute
le roman et le gothique étaient bien mieux en harmonie, dans leur
majestueux ensemble plein de mystères, avec la grandeur du Dieu
caché des chrétiens et les profondeurs de la doctrine sublime qu'il

a révélée lui-même au monde dès son berceau. Mais hélas ! c'est le doute, c'est le raisonnement qui ont jeté parmi les hommes les idées nouvelles, et les arts, tout aussi bien que les œuvres plus élevées de la pensée, en ont subi l'influence délétère et fatale. Malheureusement pour l'édifice qui nous occupe, le fait est accompli, et il faut bien le subir. Toutefois il est juste de reconnaître que si notre siècle, dans ses commencemens et malgré le bras puissant qui sut rendre à Dieu ses autels, (*) a eu la triste gloire de mettre la dernière main à l'œuvre de la Nouveauté, les jours que la divine Providence nous donne de traverser témoignent hautement d'un retour sérieux vers les grandes conceptions astistiques et les sublimes aspirations religieuses du moyen-âge. Les nombreuses et belles églises romanes ou gothiques qui, depuis peu d'années, s'élèvent, comme par enchantement, dans les villes et dans les campagnes, sur tous les points de la France, démontrent cet heureux retour vers le beau, en même temps qu'elles attestent que la foi robuste de nos pères tend à renaître parmi nous.

Sans doute, l'église actuelle, malgré ses proportions plus vastes, ne vaut pas assurément celle qui demeure couchée à ses pieds. Il faut admettre néanmoins que, malgré ses défauts de détail dont nous avons indiqué les causes, elle forme un ensemble imposant qui plaît, non-seulement au vulgaire, mais encore aux vrais connaisseurs. La critique la plus judicieuse qu'on pourrait faire, serait de dire que la largeur du chœur n'est point assez proportionnée à sa vaste étendue, et ce défaut s'explique encore par la destination primitive. Il est vrai que la lumière surabonde dans ce sanctuaire.

Avec de l'argent, il serait facile de faire disparaître cet autre défaut par l'emploi de vitraux colorés, et qui ne devront venir nécessairement qu'après le débadigeonnage. L'intelligence, la piété et surtout le bon vouloir des personnes honorables qui composent le conseil de fabrique nous donnent la confiance que les améliorations nécessaires seront faites progressivement et dans les limites du possible. Au printemps prochain déjà le pavé sera reconstruit à neuf, d'après

(*) Il y a eu un temps où le scepticisme, au pouvoir, prenait les allures d'une religion d'Etat, profanait tous les temples, proscrivait tous les prêtres et défendait à l'homme d'adorer son Créateur. **JULES SIMON.**

les plans de M. Démoget, et c'est un commencement. Qu'on nous
permette cependant de dire que le lavage complet des murs devrait
peut-être précéder cet important travail, la vue de l'artiste et du
connaisseur se portant naturellement vers les parties élevées avant
de s'abaisser à terre. (*)

A part donc les défectuosités de détail, l'antique église de Saint-
Michel est, somme toute, la plus belle église habillée à la moderne
que possède la Lorraine.

Celle dédiée à St-Etienne était aussi, dans son genre original, un
fort beau monument, avant que les Vandales de 1822, sous le prétexte ridicule d'élargir une ruelle, y missent stupidement la main.
Disons encore, en passant, qu'elle joue de malheur, cette pauvre
église, outragée qu'elle a été dans ses beaux restes, il y a peu
d'années encore, par un nauséabonde badigeon d'une teinte peu
respectable et peu respectée. Nous nous réservons de faire l'historique de cet édifice quand nous nous occuperons de l'histoire de
St-Mihiel de M. Dumont.

PROJET DE RESTAURATION DE LA TOUR ROMANE.

Si l'on excepte le chevet de l'église St-Michel, l'extérieur n'a rien
qui attire sérieusement les regards. Des murs dont les soubassemens
sont enfouis dans des décombres, (**) sans ornemens, sans hardiesse,
sans élégance, des obélisque nus, une toiture immense qui s'élève
presque à la hauteur des tours, tout cet ensemble disproportionné
attriste le regard, et, vu de loin, dans la direction de Verdun, il
éveille dans l'esprit l'idée confuse d'un immense tombeau.

C'est précisément à cet état de choses qu'il s'agirait aujourd'hui

(*) Nous espérons bien que, lors de la reconstruction du pavé on saura respecter
les pierres tombales et historiques qui existent, et qu'elles ne seront point sa-
crifiées au désir de faire de la symétrie. Il n'est jamais permis de déchirer l'histoire
sous le prétexte futile de créer des embellissemens.

(**) Nous savons, de source certaine, que M. le Maire de St-Mihiel a le projet,
depuis longtemps arrêté, de dégager enfin la base du pourtour de l'édifice qui est
enfoncé sous des masses de décombres qui masquent l'élévation réelle tout en
perpétuant, à l'intérieur, un état d'humidité funeste. Ce magistrat désirerait
même, supprimer et le jardin et la maison du sacristain qu'on pourrait loger
convenablement dans le bâtiment de l'ancien abattoir. Ces idées sont ex-
cellentes et témoignent d'un désir réel d'embellir et de protéger l'édifice.

de porter un remède efficace. On y arriverait, pour partie du moins, en donnant aux deux tours si gracieuses du chœur de légers clochetons, ce qui serait une assez mince dépense. On y arriverait surtout en restaurant d'une manière complète la tour monumentale, reste précieux du XIe siècle.

M. Dumont, avant nous, et en cela il fait preuve de bon goût, a reconnu la nécessité de cette restauration. Il admet que la toiture actuelle a trop d'élévation pour les tours qu'elle fait disparaître en quelque sorte. Il admet que des baies magnifiques qui dominaient la toiture d'autrefois demeurent tristement voilées sous les combles. Il admet que la grosse tour a été mutilée par la soi-disant restauration de sa partie supérieure qui hurle de faire corps avec une architecture romane. Enfin il émet l'espoir qu'un jour ce monument sera dégagé de la toiture qui le noie, et montrera ainsi, dit-il, son reste de splendeur vénérable.

Pour arriver à ce dernier résultat, les plans que semble indiquer M. Dumont, sont irréalisables. D'abord il est évident, même pour lui, qu'il est impossible de songer à baisser la toiture actuelle, sans lui faire perdre la pente nécessaire pour l'écoulement des eaux pluviales. Le faire serait d'ailleurs écraser l'édifice, sans compter une dépense ruineuse, incalculable.

Que dire de la suppression de cette partie de la toiture qui fait corps avec la tour? Cela ne se peut, et pour trois raisons. La première, c'est qu'il faudrait, de toute nécessité, élever un pignon parallèlement à la face orientale ce qui serait contraire à toutes les règles de l'art. La seconde, c'est que ce pignon, en l'admettant comme possible, pèserait d'un poids énorme sur les voûtes et sur les murs qu'il pousserait au vide et serait ainsi une menace permanente pour la solidité de l'édifice, et partant pour la sécurité publique.

Voudrait-on, pour parer à ce grave inconvénient, suppléer au pignon en pierre par une charpente ardoisée, alors on tomberait, comme dans l'autre hypothèse, dans la troisième impossibilité que nous avons à signaler, et qui consisterait à faire perdre à la toiture sa continuité naturelle, ce qui serait, pour l'œil, d'un effet intolérable.

Il faut donc de toute nécessité, restaurer la tour en la déblayant des ornemens ridicules dont les siècles derniers l'ont si indignement affublée ; il faut lui rendre ses baies primitives et lui donner l'élévation qui lui manque.

C'est précisément ce qu'on se propose de faire.

Mais on fait une objection qui consiste à dire que la tour manque de la solidité voulue et qu'elle ne pourrait supporter l'élévation projetée.

Une telle objection ne peut raisonnablement être soulevée que par des gens qui n'ont ni vu, ni étudié les lieux. Cette tour, précisément dans la pensée que', tôt ou tard, elle recevrait les modifications projetées, a été examinée ces jours derniers, dans toutes ses parties, par un homme de l'art très compétent, et il estime qu'on peut, sans danger, lui donner une plus grande élévation. Seulement il serait nécessaire de démolir quelques toises de mur à la face méridionale.

Nous reconnaissons, avec M. Dumont, qu'à une certaine époque, la flèche qui la dominait a été renversée. Mais cette flèche n'était autre chose qu'une frêle et misérable charpente mal assise et que devait forcément emporter l'impétuosité du vent. Nous ne dirons pas toutefois qu'elle soit allée tomber dans la cour de la caserne et M. Dumont nous permettra de lui dire que c'est trop fort.

L'élévation projetée peut très-bien se faire sans qu'il y ait danger pour l'édifice. (*) Quel en serait l'effet ? Outre qu'elle ajouterait à l'ensemble du monument un véritable cachet de grandeur, elle aurait encore pour résultat immédiat, et ceci a son importance, de donner à nos belles et fortes cloches l'ampleur et la sonorité qui leur manquent. On les élèverait nécessairement dans les constructions nouvelles, et, débarrassées ainsi de l'énorme caisse qui les étouffe, elles diraient enfin ce qu'elles peuvent, ce qu'elles sont ; elles parleraient à l'oreille et à l'âme.

(*) On avait pensé d'abord qu'il serait possible de monter une flèche romane, en pierre, d'une hauteur de 20 à 25 mètres. Ce projet a dû être abandonné sur l'observation de M. Démoget que les anciens négligeaient habituellement d'asseoir leurs édifices sur des fondations suffisamment profondes. Ils croyaient suppléer à cet inconvénient en donnant à leurs murs une épaisseur démesurée. Mais cet architecte habile estime qu'on peut, sans danger aucun, et pour le présent et pour l'avenir, élever la tour de six mètres environ, et lui donner ensuite une flèche en charpente, dans le même style.

Voudrait-on opposer à ce projet l'objection que nous avons faite à M. Dumont pour le sépulcre? on l'a compris déjà, cette objection n'aurait point sa raison d'être. il ne s'agit pas d'un monument auguste *qui intéresse le monde entier* et qu'une ville doit tenir à honneur de conserver avec ses propres deniers. Il s'agit tout simplement d'un bel édifice que les habitans de cette même ville peuvent embellir, sans froisser les légitimes susceptibilités de l'administration.

D'ailleurs, pour l'église St-Michel, la municipalité a fait, il y a deux ans, à peu près ce qu'elle pouvait faire, pour le moment du moins, en présence des limites assez restreintes de son budget, et l'on ne peut guère lui demander de l'argent aujourd'hui. Nous devons même lui savoir gré des travaux de première nécessité qu'elle a exécutés, et lui en témoigner notre reconnaissance. (*)

L'administration intelligente et éclairée de St-Mihiel a dépensé encore, dans ces temps derniers, des sommes énormes pour la transformation de nos rues, et St-Mihiel qui, il y a un quart de siècle seulement, n'avait de ville que le nom, est déjà une petite cité qui n'a plus à rougir d'elle-même. Un grand-duc de Toscane disait, en parlant de sa capitale: « Elle est si belle qu'on ne devrait la montrer que le dimanche. » Nous ne porterons pas si haut nos prétentions ; mais faisons que St-Mihiel soit assez beau pour que nous puissions le montrer tous les jours.

Et que ne sera point St-Mihiel dans quelques années ? Un chemin de fer est maintenant plus que probable, en présence de l'embranchement par Pagny. Cette ligne ferrée amènera des embellissemens nouveaux, en même temps qu'elle donnera à notre commerce qui a déjà son importance, et à notre industrie naissante un essor plus rapide. L'administration des ponts-et-chaussées, de son côté, a exécuté et exécute des travaux qui concourent aussi à l'embellissement, et bientôt la rue des Carmes complétement dégagée, donnera un reflet de plus à la flèche romane projetée. Cette flèche s'élevant majestueuse au-dessus des autres édifices, les étrangers ne traverseront plus nos rues comme on traverse une lo-

(*) La ville a dépensé au moins vingt mille francs,

calité perdue ; ils diront que cette ville a véritablement de belles choses qu'elle mérite d'être visitée.

La beauté extérieure des cités tient non-seulement à un site heureux ; elle tient aussi et surtout, à la splendeur de ses constructions.

Mettons-nous donc à l'œuvre ; faisons la flèche qu'attend la tour actuelle. Les contemporains applaudiront à nos efforts, à nos succès et la postérité redira que nous avons vraiment compris notre siècle qui aime ce qui est grand, ce qui est beau. Et pourquoi St-Mihiel dont tout le passé a de la grandeur, de la noblesse ; qui renferme tant de fortunes considérables dont plusieurs ne savent que faire, resterait-il en arrière des cités voisines d'une importance inférieure ? La belle église de Ligny était comme écrasée sous le lourd fardeau d'une grosse et laide tour du XVIe siècle et l'amour-propre des habitans vient de doter cette tour d'un vêtement plus sévère dont l'éclat est encore rehaussé par une flèche hardie. Mézières se sentait petite à côté de Charleville sa rivale, et les citoyens de cette cité se sont montrés prodigues pour donner enfin à leur église cet aspect monumental qui fait l'ornement de toute la contrée.

Aux yeux des personnes, et c'est le plus grand nombre, qui vivent surtout de la vie de la foi, nous ferons valoir des considérations d'un ordre plus élevé. Nous leur dirons que Dieu est jaloux de sa gloire et que la décoration de ses temples, œuvre éminemment catholique, lui est toujours agréable. Sans doute que le dogme et la pratique sont les choses essentielles dans le catholicisme. Mais l'homme est formé d'une âme servie par des organes, et le corps sorti, comme l'âme, des mains de Dieu, lui doit aussi son culte. Ce culte se manifeste par la construction des temples et l'érection des autels, par les rites ou cérémonies. Or, comme le reconnaît même un libre penseur de nos jours, ce culte est dû à Dieu. « Le symbole et la morale, dit-il, sont la moelle de la religion ; le culte extérieur en est le complément nécessaire, indispensable ; il est utile et bienfaisant de sa nature. »

Et pourquoi ? C'est que, dans une religion qui est la religion vraie, il faut non-seulement un symbole clair et précis pour le dogme ; une Eglise organisée et puissante par sa discipline et ses vertus, mais encore un culte régulier dont la forme, les cérémonies et les temples soient de nature à frapper les sens et à jeter dans l'âme de religieuses et salutaires émotions.

Imposons-nous donc, catholiques que nous sommes, quelques sacrifices pour honorer Dieu pour la gloire et l'éclat de son temple saint. C'est là, un culte extérieur, public, solennel qui élève le fini vers les splendeurs de l'Infini ; il est utile aux hommes. Notre église ainsi restaurée sera une manifestation durable et imposante de notre foi ; elle fera rire l'incrédule peut-être, mais elle sera précieuse devant Dieu qui nous comblera de ses dons.

Nous avons jeté en avant le mot incrédule. Si, dans cette ville, ce que nous ne supposons pas, il existait, par hasard, des hommes qui ne savent rien et qui raisonnent de tout ; qui se disent philosophes et qui ne savent pas ce que c'est que la philosophie ; qui se disent libres penseurs et qui n'ont jamais pensé à rien, si ce n'est à satisfaire leurs appétits grossiers, à ces hommes bien à plaindre nous ne ferions aucune réponse, et nous nous garderions surtout de leur parler de la grande autorité de l'Eglise. Non. Le grand philosophe déjà cité se charge de leur faire la leçon : « C'est la marque d'un petit esprit, dit Jules Simon en son » livre du devoir, et d'un jugement faux que de railler une reli- » gion sans la connaître, ou de dire qu'on la connaît quand on » connaît à peine l'aspect extérieur de ses cérémonies. Chez nous, » où la religion catholique domine, les incrédules ont à la fois » l'habitude de railler ses mystères, sa discipline et son clergé et » celle de vanter la morale de Jésus-Christ et de s'en proclamer » les disciples. Nous faisons beaucoup de choses par routine, par » légèreté, par forfanterie. Accoutumons-nous à réfléchir et à aller » au fond des choses. Si nous respectons l'Evangile autant que » nous le disons, respectons les lieux où on le prêche ; et en gé- » néral, respectons dans les temples, à quelque religion qu'ils » appartiennent, le nom de l'Eternel qui les remplit et la piété, à » coup sûr vénérable dans son origine et dans son but qui les a » fait élever pour la gloire de Dieu et la sanctification des hommes. »

Que si l'impiété et l'ignorance riaient de nos projets, et tentaient de vous détourner d'une bonne action, souvenez-vous de ces beaux vers de Juvénal :

> « Exemplo quodcumque malo committitur, ipsi
> » Displicet auctori. Prima est hæc ultio. (*)

Il y a plus d'un demi-siècle, un jeune guerrier dont le nom déjà faisait trembler l'Europe, visitait silencieux et pensif l'antique palais de l'empereur Constantin devenu, depuis bien des siècles la cathédrale de Trèves. Il fut si frappé des splendeurs de ce gigantesque édifice religieux, qu'avant de quitter la ville, il remit à l'évêque une somme de cent cinquante mille francs pour ajouter encore à son éclat.

Nous ne prétendons pas que l'église St-Michel soit à la hauteur de la basilique Trévirienne ; mais, à l'instar de Virgile nous osons comparer les choses plus petites aux plus grandes, et (**) nous avons la douce confiance que l'héritier auguste, puissant et glorieux d'un grand nom daignera, lui aussi, donner à la ville de St-Mihiel une marque de sa munificence.

NOTA. L'ensemble de la dépense pourrait s'élever de vingt à vingt-deux mille francs, et deux personnes honorables se sont déjà engagées à souscrire pour une somme de deux mille francs. A partir de cent francs, le montant des sommes offertes pourrait être payable en deux annuités. Les souscriptious inférieures seraient immédiatement exigibles, c'est-à-dire en même temps que la première partie des souscriptions plus élevées.

Des mesures seraient prises, de concert avec l'autorité locale, pour assurer la bonne et prompte exécution des travaux qui devraient, autant que possible, être exécutés par un entrepreneur et des ouvriers de la ville, sous la direction d'un architecte habile.

Aussitôt que le succès de la souscription sera assuré, il sera dressé un plan exact de l'édifice projeté, et ce plan sera soumis à l'approbation d'une commission présidée par M. le Maire si ; ce qui n'est point douteux, ce magistrat veut bien lui prêter le concours de ses lumières.

(*) Céder à une honteuse faiblesse ne va pas sans le remords ; et c'est la première punition du coupable.　　　　*Juv. Sat. XIII.*

(**) *Sic parvis componere magna solebam.*

. (Ecloga prima).

UN MOT A M. DUMONT.

Au moment de mettre sous presse cette seconde partie de notre brochure, nous recevons, de M. Dumont, un opuscule dont le Sépulcre de St-Mihiel fait encore l'objet.

Nous ne pouvons qu'applaudir au zèle toujours croissant d'un homme de bien et qu'animent, sans nul doute, les meilleures intentions. Toutefois notre conscience nous inspire le courage de frapper d'ostracisme une opinion doublement erronée, et que n'ont pu modifier ni le temps, ni l'étude, ni la méditation.

La question du Sépulcre devient trop brûlante tout à coup pour qu'à cette heure solennelle, et décisive peut-être, il soit permis à un enfant de St-Mihiel de laisser le public s'égarer à la remorque d'un système qui peut avoir, et pour Ligier Richier et pour son œuvre incomparable, les conséquences les plus désolantes, les plus fatales.

Notre pensée ici n'est point de juger le Sépulcre. Les hommes les plus compétens se sont prononcés à cet égard, et notre jugement qui serait celui de l'ignorance ne pourrait que décolorer et affadir les éloges les plus pompeux et les mieux mérités que trois siècles se sont plu à prodiguer au grand artiste. Seulement et la nécessité nous en fait un devoir, nous voulons réhabiliter Ligier Richier qu'on dégrade sans s'en douter. Nous voulons démontrer encore que son œuvre splendide entre toutes ses œuvres est et doit demeurer à sa place.

Tranchons hardiment le nœud de la difficulté; et, malgré notre estime pour M. Dumont, malgré notre respect pour la droiture de ses intentions, soyons assez ferme pour lui dire en face qu'il ne connaît point Ligier Richier; que ses projets, si malheureusement on les mettait jamais à exécution, seraient, sinon la négation, tout au moins le travestissement honteux de l'histoire la plus vénérable, la plus sainte, la plus véridique qui ait jamais été écrite.

Comment Ligier Richier est-il étudié par M. Dumont?

Comment l'emplacement donné à son œuvre est-il jugé ?

Quel emplacement nouveau veut-il lui assigner ?

Comment enfin la disposition des personnages est-elle appréciée par cet écrivain ?

C'est sur ces quatre points que vont porter nos rapides observations.

I.

JUGEMENT PORTÉ SUR LIGIER RICHIER.

M. Dumont dit : « La conjecture la plus naturelle est que Richier
» qui avait préparé son œuvre sans commande spéciale , est mort
» avant d'avoir trouvé à l'utiliser; que s'il en avait reçu la de-
» mande, on n'a pu lui tenir parole , à raison de divers motifs
» faciles à concevoir , principalement à raison des temps malheu-
» reux occasionnés par les guerres et précisément des guerres de
» religion. Alors cette œuvre capitale délaissée sans acquéreur ou
» méconnue , a été, par lui ou sa famille , donnée ou vendue à
» sa ville natale, qui l'aura placée où elle aura pu , en attendant
» peut-être de meilleures dispositions qui ne se sont jamais réali-
» sées , faute d'argent et surtout de zèle. »

Ce n'est pas avec les idées mercantiles d'un bazar , ce n'est pas davantage avec la pensée étroite d'un travail artistique exécuté moyennant un salaire promis ou espéré qu'il faut juger le statuaire dans son œuvre la plus éclatante et la plus solennelle.

Pour porter un jugement sain , digne de lui et de sa ville natale, il faut prendre en mains les Evangélistes et proclamer hautement que c'est dans ce trésor de foi et d'amour , comme aussi dans son cœur noble et chrétien que le glorieux imagiste a puisé ses hautes et sublimes inspirations.

Non , ce n'est pas l'argent , c'est la foi qui l'a illuminé, la foi ayant seule la vertu de transporter les montagnes.

3

Quoi donc! Ligier Richier aurait fait le chef-d'œuvre de ses mains, au centre même de sa ville natale, sous l'œil jaloux d'une génération entière ; il aurait donné la vie, l'expression, la pensée, la sublimité du dévoûment, de l'abnégation, de l'amour enfin à une pierre inerte, et tout cela pour satisfaire au besoin d'une je ne sais quelle commande confuse, hypothétique, incertaine! Il aurait donné toute sa gloire, toute sa vie, tout son génie pour complaire au caprice passager d'un opulent ruiné ou sans conscience !

Ligier Richier aurait vécu pour trafiquer du don de Dieu, et il serait mort sans avoir pu réaliser ce honteux trafic !

Et sa ville natale aurait, en quelque sorte, ramassé sa marchandise délaissée, moyennant quelques pièces d'or !

Voilà pourtant à quelles conséquences nous conduit ce qu'on appelle naïvement *une conjecture naturelle.*

Ainsi, d'un trait de plume, on dépouille Ligier Richier du mérite d'un acte de munificence qui laisse bien loin en arrière toute la munificence des rois !

On fait de lui un brocanteur de bas étage et le génie devient la matière de son stupide brocantage !

On veut qu'il ait passé une vie entière de labeur et de patience, d'orgueil, d'amour et d'espérance pour récolter, sur le soir, quelques écus dont il n'aura plus que faire !

On veut que l'homme, que l'artiste qui vécut en homme généreux et en artiste chrétien, la nature de ses œuvres en fait foi, n'ait été grand que pour tomber dans une poignante et sordide déception !

On veut enfin que celui qui a sacrifié ses jours et ses veilles à la gloire de son Dieu et de sa patrie, ne soit plus digne, après trois siècles, que d'une reconnaissance équivoque !

Non, dans les temps anciens surtout, il ne fallait aux hommes fous de génie et passionnés pour la gloire que des honneurs et des distinctions ; il ne leur fallait de plus que le pain modeste de chaque jour et ces choses n'ont jamais manqué au grand sculpteur lorrain. (*)

(*) Il est vrai que les imagistes, à toutes les époques, ont dû nécessairement vivre du fruit de leur travail. Mais Richier a fait des œuvres de second ordre tellement nombreuses que leur produit a dû suffire à tous les besoins de sa modeste existence. Quant à une œuvre aussi capitale que l'est son Sépulcre, un grand prince, un monastère opulent, une ville, auraient pu seuls en faire la

Les caractères élevés au-dessus du vulgaire par l'intelligence et par le cœur surtout savent se contenter de l'*aurea mediocritas* (médiocrité d'or) et leurs aspirations matérielles ne vont jamais au-delà. Ils ne sont point de l'école de ceux dont l'écriture dit, avec ce ton de sarcasme qui lui est si familier quand elle parle de l'avare : « Semblable à la perdrix qui réchauffe des œufs qu'elle n'a point procréés, l'homme accumule des richesses, sans nul souci de la justice : elles lui seront ravies, ces richesses, au printemps de ses jours, et la folie seule présidera à son heure dernière. » (*)

Où donc, je le demande à M. Dumont, à lui qui certes a du cœur, de l'intelligence et du désintéressement, a-t-il pu puiser des idées aussi peu exactes, sur le caractère et les sentimens du plus glorieux des enfans de St-Mihiel? Prenez-y garde : il peut être permis d'exalter outre mesure les grands hommes après leur mort ; mais amoindrir leur taille, serait s'associer à la stupide et trop fréquente ingratitude des contemporains.

Proclamer que Ligier Richier n'a jamais trafiqué, ni voulu trafiquer, comme on ferait d'un colis en souffrance, de son impérissable chef-d'œuvre, c'est rendre à sa mémoire le témoignage qui lui est dû, et reconnaître qu'il a voulu, dans un mouvement de légitime orgueil, s'approprier le langage prophétique d'Isaïe: **Son Sépulcre sera glorieux.** (**)

Maintenant que la chaîne lourde et hideuse rivée, depuis hier, à la noble poitrine de Richier est brisée, voyons si son sépulcre est bien à sa place.

commande, et les malheurs des temps n'auraient pu empêcher la livraison et le paiement. L'histoire d'ailleurs ne dit rien qui permette de supposer une telle commande. Au contraire, le temps, les lieux, le caractère de l'artiste, la nature de l'œuvre, son emplacement définitif, tout démontre qu'il a voulu se glorifier, et glorifier en même temps sa ville natale.

(*) Perdrix fovit quæ non peperit — fecit divitias et non in judiciis — In dimidio dierum suorum derelinquet eas, et in novissimo suo erit insipiens.
Jerem. Cap. XVII. V. XI.

(**) Et erit sepulcrum ejus gloriosum.
Isaïas Cap. XI. V. Io.

II.

COMMENT L'EMPLACEMENT DONNÉ A SON ŒUVRE
EST-IL JUGÉ.

L'opinion de M. Dumont se résume en ceci que le local actuel n'était que provisoire, en attendant l'heure de la vente, ou tout au moins un emplacement plus convenable, plus spacieux.

Ce système à courte vue aurait peut-être sa raison d'être si, ce que nous nions énergiquement, Ligier Richier avait entendu faire une œuvre de spéculation. Mais il n'a jamais eu la prétention mesquine d'étaler son sépulcre à l'exposition, dans un palais de cristal, et cela dans une pensée de lucre ou d'ostentation. Il a voulu une chose bien simple, et cette chose il l'a faite : c'était transmettre à nos arrière-neveux le tableau naïf et touchant de la sépulture du Sauveur des hommes.

M. Dumont pense asseoir son système en disant « que la caverne où il végète n'a point été faite pour lui ; qu'elle date du XIVe ou au moins du XVe siècle ce dont on ne peut douter à l'aspect des arêtes et de la configuration de ses voûtes, et l'on sait que le Sépulcre n'est là que depuis la fin du XVe siècle. »

C'est là une grave erreur selon nous, la grotte n'ayant rien qui caractérise essentiellement ces deux siècles. Son ensemble, au contraire, et ses détails lui assignent une origine contemporaine du sépulcre, et nous croyons pouvoir affirmer qu'elle est du XVIe siècle.

D'abord les nervures de la voûte ne sont point celles du XIVe siècle dépourvues qu'elles sont du petit tore torus (cable) qui caractérise assez généralement cette époque ; et qu'on rencontre encore très souvent dans les voûtes du XVe siècle. Au XVIe siècle, les nervures se croisent, se multiplient, se ramifient, dans les chapelles surtout, en formant, par des combinaisons ingénieuses, des treillages ou espèces de caissons de toutes formes avec des clefs à tous les points d'intersection. C'est précisément ce qui se rencontre à la partie centrale de la voûte de notre grotte. Et, chose bien digne de remarque, c'est que les voûtes de l'église qui ont été élevées dans le cours du XVIe siècle présentent, au chevet, dans leurs parties latérales, l'existence de ces mêmes caissons. Donc la grotte sépulcrale est contemporaine de l'église, c'est-à-dire qu'elle date du même siècle.

Ce n'est pas tout. Les clefs des petites voûtes, avec leurs ornemens en relief, de même encore que les clefs de l'église, attestent l'œuvre du XVI siècle, les siècles antérieurs ayant toujours, au contraire, des clefs en creux artistement fouillées. Témoins celles du transsept de l'église St-Michel. Sur celles de la voûte du sépulcre, on voit ici une ancre, là un cœur enflammé, et autres ornemens semblables en relief, et que n'employaient point les siècles antérieurs. Il est même digne de remarque que la clef centrale est décorée d'une belle figure de la lune sur son déclin. L'astre lugubre de la nuit éclaire seul le mystère des tombeaux, et l'Ecriture nous apprend que Jésus est ressuscité d'entre les morts après la pleine lune de mars. (*)

Cette double circonstance permet de supposer qu'en faisant cette lune l'architecte a exécuté la volonté de Ligier Richier dont l'idée est ingénieuse. (**)

Dans une matière aussi grave que celle qui nous occupe il n'est pas bon, il est dangereux même de jeter au public des opinions hasardées. L'écrivain, avant tout, doit s'imposer le devoir de mûrir sa pensée, et quand il conclut, il ne doit le faire encore qu'avec une certaine hésitation.

Nous devons dire qu'en étudiant les trois petites roses (œils de bœuf) destinées à éclairer la grotte, dans toutes ses parties, nous avons éprouvé un moment de doute et d'incertitude, en présence du trèfle qui en constitue l'ornement. Ce trèfle, en effet, apparaît,

(*) C'est pour cette raison que la fête de Pâques est mobile, et se célèbre toujours le dimanche qui suit la pleine lune de mars.

(**) Cette lune, comme aussi toute la voûte et même les parties murales, a été couverte d'un barbare badigeon. Si l'observateur attentif veut bien la voir, il doit pénétrer dans la grotte, tourner le dos au sépulcre et projeter sa tête en arrière en s'appuyant, contre la barre qui protège l'entrée. C'est ainsi que nous avons pu l'examiner nous-même, sur les indications de M. le curé de St-Etienne.

dans l'art de l'architecture, à l'époque de transition entre la période romane et la période gothique, et on le voit, ce trèfle des champs, toujours employé dans les XIIe, XIIIe, XIVe et XVe siècles. Mais nos scrupules ont disparu en songeant que s'il devient plus rare au XVIe siècle, on le rencontre néanmoins encore, et surtout avec quatre et même cinq pétales arrondies. C'est en effet ce qui existe aux chapelles latérales de l'église St-Michel et qui sont bien du XVIe siècle. D'ailleurs la rose centrale de la grotte qui diffère essentiellement des deux autres est telle qu'on ne peut l'attribuer qu'à la fin du XVIe siècle.

Nous allons maintenant rencontrer d'autres indices tellement certains qu'il ne sera plus possible d'admettre un seul instant que notre chapelle sépulcrale soit d'une époque antérieure, au XVIe siècle.

D'abord si l'on veut pénétrer dans l'enceinte de cette chapelle, on remarquera que deux des arcades murales, celles du centre, affectent le cintre, tandis que les six autres sont ogivales, mélange capricieux qui n'appartient qu'au XVIe siècle et que déjà nous avons signalé aux fenêtres des chapelles St-Michel.

Ensuite, et pour tout homme sérieux qui voudra se donner la peine d'étudier les lieux avec cette attention scrupuleuse qui dénote le savoir, il existera encore des preuves tellement matérielles, en faveur de notre système, que le bon sens du maçon le plus simple en demeurera frappé. Et ici nous nous bornerons tout simplement à invoquer le témoignage muet, mais éloquent de la pierre.

Le corps de l'édifice principal, c'est-à-dire l'église, est certainement d'une date antérieure au sépulcre, et M. Dumont lui-même proclame cette vérité. Or la fenêtre qui s'élève au-dessus de la chapelle est écourtée, dans sa partie inférieure, c'est-à-dire qu'elle n'a plus, en hauteur, les mêmes proportions que les autres fenêtres, et qu'elle avait primitivement. Si elle fut construite avant la chapelle, telle qu'elle se voit, de nos jours, elle doit, malgré la dissemblance de ses proportions, offrir néanmoins un tout complet. Si au contraire elle a été écourtée après coup, et à dessein, pour rendre possible l'érection de la chapelle, alors elle ne sera plus qu'une fenêtre mutilée, et les traces de cette mutilation seront visibles. C'est précisément ce qui existe. Qu'on prenne, en effet, la peine de l'examiner attentivement et bien vite on demeurera convaincu que, lors de sa construction, on lui donna une hauteur identique à celle de ses voisines. Et pourquoi? C'est que son tore circulaire est brusquement coupé ; c'est que la base de ce tore se voit encore, noyée à moitié dans le mur, précisément sur le même plan que celle des tores des fenêtres adjacentes. Donc cette mutilation n'a eu lieu que pour rendre la chapelle possible.

Mais on nous dira que d'autres fenêtres sont également moins élevées, à l'instar de celle du sépulcre. C'est vrai, et ce sont précisément ces fenêtres, au nombre de trois, qui vont achever la démonstration. La première occupe le bas de la nef de gauche, au-dessus d'une porte supprimée ; et les deux autres se voient de chaque côté de celles qui, derrière le maître-autel, au-dessus du rétable, (*) éclairent l'édifice. Mais remarquez bien que ces trois fenêtres, l'une à cause de la porte dont il vient d'être parlé, les autres, à cause de l'entrée de la sacristie placée sous l'une d'elles, n'ont jamais pu être plus élevées. Aussi ne sont-elles point mutilées ; elles offrent au contraire un tout complet, le tore de leur pourtour n'étant point brisé, car il tombe naturellement sur ses supports. Donc elles ont reçu toutes trois les proportions actuelles au moment même de leur construction.

La même dissemblance entre ces fenêtres et celle du sépulcre peut se remarquer également à l'extérieur de l'édifice.

De ce qui précède il faut conclure nécessairement 1º que cette fenêtre a été écourtée un demi siècle environ après l'époque de sa construction ; 2º qu'elle l'a été pour rendre possible l'édification de la chapelle sépulcrale ; 3º que cette chapelle est d'une date postérieure à l'église commencée en 1500 ; qu'elle est du XVIᵉ siècle, de l'époque de la création même du sépulcre ; 3º enfin qu'elle n'a été faite que pour le recevoir.

M. Dumont est donc évidemment dans l'erreur quand il soutient

(*) Ce rétable qui tombait en ruines est fort beau. Il vient d'être restauré sous la direction intelligente de M. le Curé. Nous serions curieux néanmoins de savoir ce qu'est devenue sa statue couchée dite de Stᵉ-Lucie et qui a disparu depuis quelques années. On ne sait pas toujours comment s'enrichissent les églises. Il paraît qu'on ne sait pas davantage comment on les dépouille.

« que c'était une ancienne chapelle sépulcrale (*) publique ou particulière qui , après avoir survécu à la reconstruction de l'église, en 1500, se trouvant exiguë, pour le sépulcre, en hauteur, en largeur et en profondeur , n'a pu être utilisée, qu'en supprimant les décorations supérieures à l'entrée, et ses colonnes au fond. »

Il est vrai que les pendentifs de l'entrée de la grotte ont été mutilés, et que les petites colonnes qui accompagnaient peut-être ceux du fond et sur lesquels reposent les voussoirs ont été supprimées. Mais ces mutilations et ces suppressions, si toutefois il y eut jamais des colonnes, prouvent que le Vandalisme dont l'église St-Etienne a subi les outrages et à toutes les époques, a encore passé par là. Elles ne prouvent rien de plus. On pourrait, on devrait même rétablir les ornemens détruits et il n'en résulterait pas la moindre gêne soit pour les personnages , soit pour les visiteurs.

S'il plaisait à M. Dumont de nous dire en quoi consistent « les autres portions retranchées à diverses places, » nous serions heureux de pouvoir lui donner, autant que possible, une réponse satisfaisante.

Encore une observation. Arrêtons un instant nos regards sur le sol de la chapelle. Il ressemble parfaitement à celui d'une roche taillée. Ce travail est même remarquable et prouve que Ligier a voulu qu'on imitât le mieux qu'il serait possible le pavé du roc dans lequel Notre-Seigneur a reçu la sépulture. Ce sol d'ailleurs est tellement sec et dépourvu d'humidité que, selon toutes les probabilités, il repose sur une voûte solidement construite. (**)

Disons enfin que le Mascaron à tête d'animal placé à la cimaise du toit de la chapelle est du même style que celui de la sacristie, ce qui constitue une autre preuve que le tout appartient à la même époque.

(*) Le mot sépulcrale est précieux à noter, en ce sens que Richier aurait eu la chance bien extraordinaire de trouver toute faite une chapelle sépulcrale pour loger provisoirement son sépulcre.

(**) Nous devons encore à l'obligeance de M. l'abbé Jamin d'avoir pu constater avec lui que les parties humides n'existent qu'à l'entrée.

III.

QUEL EMPLACEMENT NOUVEAU M. DUMONT VEUT-IL DONNER AU SÉPULCRE ?

———

« Le sépulcre n'est là , dit M. Dumont , qu'en dépôt , comme on entasse les vieux meubles sous un escalier ou une soupente , ainsi qu'il fut fait , en beaucoup de lieux , pendant la Terreur. »

C'est à exciter la pitié , vraiment , que d'entendre un pareil langage , alors surtout qu'il sort de la bouche d'un homme que sa position , ses loisirs et ses habitudes de travail portent nécessairement à beaucoup réfléchir.

Maintenant que M. Dumont , et sur ce point important nous faisons appel, à sa franchise, à sa droiture, veuille bien prendre la peine de se dépouiller de ses préjugés, et de pénétrer avec nous, dans l'intérieur de la grotte sépulcrale. Alors , après quelques instans seulement d'une sérieuse attention , il demeurera frappé de cette concordance admirable qui règne entre la distribution de la voûte et celle des treize personnages disposés au-dessous. Ces personnages occupent l'emplacement , tout l'emplacement qui existe, dans œuvre, et l'observateur est frappé d'une disposition qui n'a pu être imaginée que pour les couvrir et les protéger.

Si donc nous parvenons à établir que la force même des choses exige que ces personnages n'occupent point un espace plus spacieux, qu'ils n'aient point une disposition différente, il demeurera acquis nécessairement que cette voûte a été habilement combinée, harmonisée avec leur mise en scène.

Hé bien ! Nous disons que la plus légère modification dans cette mise en scène, soit qu'on éloigne les acteurs , soit qu'on les rapproche, soit qu'on change les poses, briserait d'un seul coup, l'effet magique de l'ensemble du tableau et mettrait à nu des parties qui ne sont point faites pour être vues.

L'effet magique de l'ensemble a-t-il besoin, peut-il même être démontré? Ici le raisonnement est impuissant. Il n'est qu'un juge qui puisse se prononcer, et ce juge c'est le sentiment, le sentiment de l'âme et du cœur, le sentiment religieux enfin joint à l'étude approfondie de l'ineffable mystère de la passion et de la sépulture de Jésus-Christ.

Je n'oublierai jamais un épisode, entre mille qui se sont produits au pied du St-Sépulcre, mais dont il m'a été donné d'être le témoin oculaire et auriculaire, dans mon jeune âge. C'était, je crois, en l'an 1829, Madame la Dauphine, fille de l'infortuné Louis XVI, traversait la ville de St-Mihiel, et son but unique était de visiter le sépulcre. Au moment où la grille s'ouvre devant elle, on la voit pâlir tout à coup, et s'affaisser, en quelque sorte, sous le poids de la plus vive émotion. Maîtresse ensuite de ses impressions, elle s'écrie, en s'adressant à M. l'abbé Didiot alors curé de la paroisse, et aujourd'hui évêque de Bayeux et Lizieux, « Mon Dieu! mon Dieu que c'est beau! Ici on ne peut que pleurer et prier. »

Une personne chrétienne et instruite de cette ville me disait, il y a quelques jours, « que jamais elle n'avait visité la grotte du sépulcre sans se sentir remuée, émue jusqu'aux larmes. Elle ajoutait que, quand il lui arrivait d'assister au saint sacrifice de la messe, elle avait parfois le soin de se placer debout, en face de ce monument auguste; qu'elle ne le quittait point des yeux, au moment redoutable et solennel de l'Elévation surtout, et qu'il était pour elle le tableau vivant du sacrifice mystique offert, par le prêtre, sur l'autel. »

Mais, nous dira-t-on, ce sont là des faits isolés, et, en pareille matière surtout, il convient de généraliser davantage les témoignages si l'on veut arriver à une démonstration sans réplique. L'argument ne manque point de force, et nous l'avons parfaitement compris. Aussi, aux témoignages isolés que nous venons d'indiquer nous avons voulu avoir encore celui des visiteurs les plus nombreux, les plus intelligens. Pour arriver à ce résultat difficile, il n'y avait qu'un moyen : c'était de nous adresser à une personne éclairée et digne de foi qui, par le fait même de sa position, a souvent l'occasion de conduire au sépulcre les visiteurs les plus haut placés, et dès lors les plus capables de juger.

En conséquence nous avons fait une démarche auprès de M. le Curé de la paroisse St-Etienne, et ce vénérable ecclésiastique nous a autorisé à dire et à publier que, dans maintes circonstances, des personnages du grand monde s'étaient adressés à lui pour visiter en détail le sépulcre de St-Mihiel ; que tous avaient été saisis d'admiration, et que jamais, au grand jamais, il n'avait entendu soulever la plus légère critique au point de vue de l'emplacement assigné à cet impérissable chef-d'œuvre.

A ces témoignages puissants et unanimes, nous pouvons joindre encore celui de la population intelligente de St-Mihiel, à toutes les époques. Et nous affirmons que jamais, dans cette ville, il n'est venu à personne l'idée désolante de déplacer le sépulcre.

M. Dumont est donc isolé, ou à peu près, dans son opinion, et cet isolement heureux, il est de notre devoir de le constater.

Les sentimens éprouvés par tant de personnes sont, on peut l'affirmer, ceux de tous les catholiques, et une démonstration comme celle-là en vaut bien une autre, en faveur du merveilleux de la mise en scène de l'artiste.

Assurément si le groupe majestueux du sépulcre était entassé, *comme on entasse les vieux meubles, sous un escalier, ou sous une soupente,* sa vue serait impuissante à produire de telles émotions.

Maintenant pour prouver la seconde partie de notre proposition, nous dirons à M. Dumont que nous lui portons le défi de faire subir aux personnages la plus légère conversion, soit dans un sens, soit dans un autre, sans mettre à nu des parties restées à l'état d'ébauche grossière; sans masquer d'autres parties faites pour être vues. Donc, encore une fois, tous les personnages sont à leur place, à la place que leur a assignée l'artiste ; donc la grotte a été pratiquée pour recevoir le sépulcre; donc enfin sa construction est encore l'œuvre, non point du ciseau, mais de la volonté impérieuse de Ligier Richier.

Essayez maintenant, pour nous servir de l'expression triviale de M. Dumont, essayez de *sortir du trou* tous ces témoins et acteurs du déicide, expulsez-en avec eux la grande victime du péché des hommes ; mettez en pleine lumière toutes les figures divine et humaines; posez-les sur un point élevé, sur une sorte d'autel, comme le demande M. Dumont.

Alors vous pourrez dire, et vous direz, dans l'amertume de vos cœurs contristés : Adieu l'illusion et l'harmonie ! Adieu le pathéthique et le naturel ! Adieu, adieu glorieux sépulcre de mon Sauveur!

Mais vous ne pourrez plus vous écrier avec l'Eglise : « La nuit est brillante comme le jour, — cette douce nuit illuminait mon âme, — elle était mes délices. (*)

Alors aussi la grande ombre de Ligier Richier dépouillant son suaire reprochera indignée, aux auteurs de la profanation, leur audacieuse témérité empruntant les paroles mêmes du sauveur : Je t'avais nourri de la manne dans la traversée du désert, et tu m'as flagellé, tu m'as fait succomber sous tes coups homicides. (**)

Enfin qu'obtiendrez-vous en érigeant le sépulcre sur un autel ? Un assemblage revoltant de malheureux estropiés, comme des restes mutilés d'une Furie de la Terreur. Celui-ci ne sera qu'un pauvre cul-de-jatte, celui-là n'aura qu'une jambe, le dos d'un autre ne présentera qu'un bloc grossier rudement taillé à coups de marteau, et ailleurs encore vous verrez des mains et des pieds dont les hideuses difformités ne vous inspireront que de l'horreur et du dégoût. Ce sera enfin, parmi mille beautés, un assemblage hideux.

Non, non, la génération présente et les générations à venir ne verront point sacrifier aux vues étroites du rationalisme moderne l'incomparable Sépulcre du Dieu fait homme ; et ce monument vénéré de nos pères, si cher pour nous tous, demeurera le tendre objet du respect et de l'amour de nos enfans. Grâces en soient rendues à Dieu ! Nous ne sommes plus au temps des iconoclastes, et il ne sera point permis aux réformés de nos jours d'oublier la grande leçon que Ligier Richier donna au protestantisme naissant. (***)

Jusqu'ici nous n'avons guère raisonné que comme pourrait rai-

(*) Et nox sicut dies illuminabitur, et nox illuminatio mea in deliciis meis.
Off. de Sabb. Sancto.

(**) Ego te pavi manna per desertum : et tu me cecidisti alapis et flagellis.
Off. de feria sexta in parasceve.

(***) On sait que les protestans brisaient les images. On sait pourtant aussi qu'il est des sectes qui aujourd'hui font à J.-C. l'honneur de placer la croix sur leurs autels.

sonner tout simplement un artiste éclairé et chrétien. Mais il est temps de lever enfin tous les coins du rideau, et de discuter un peu l'Evangile (*) à la main.

Que représente le sépulcre? L'inhumation de Jésus-Christ.

En quel lieu Jésus-Christ a-t-il été inhumé? Dans un sépulcre pratiqué dans le roc, à proximité du lieu de son crucifiement.

Ecoutez St-Jean : « Or il y avait un jardin au lieu où il avait été crucifié, et dans ce jardin un sépulcre nouvellement fait, où l'on n'avait encore mis personne. Ils mirent donc là Jésus à cause que c'était la veille du sabbat des juifs et que le sépulcre était proche. (**)

Le sépulcre de Jésus était pratiqué dans une grotte ou caverne étroite que l'opulent Joseph d'Arimathie s'était fait tailler dans le roc et dont une pierre énorme devait fermer l'entrée.

Voici, en effet, la description plus complète que nous en donne St-Mathieu :

« Joseph l'ayant pris, l'enveloppa dans un linceuil bien blanc ; le mit dans un sépulcre tout neuf qu'il s'était fait tailler dans le roc, et ayant roulé une grande pierre à l'entrée du sépulcre, il s'en alla. » (***)

Représentez-vous maintenant cette grande scène de la sépulture du fils de l'homme et vous verrez groupés et comme ramassés dans un petit espace le corps sacré de Jésus; Nicodème et Joseph d'Arimathie pieusement occupés à l'embaumement; Marie-Madeleine, Marie, mère de Jacques le mineur, et Salomé portant des parfums, priant et pleurant. Vous verrez encore, à quelques pas, tout près du corps de son divin fils, immobile dans sa résignation, fléchissant sur ses genoux, et soutenue par le disciple bien-aimé, la sainte mère de Jésus.

Ces personnages amis n'étaient point là pour poser et fournir en quelque sorte matière à un tableau ou toutes les susceptibilités de

---

(*) Le mot évangile veut dire bonne nouvelle.

(**) Erat autem in loco ubi crucifixus est, hortus: et in horto monumentum novum, in quo nondum quisquam positus erat. Ibi ergo propter parascevem judæorum, quia juxta erat monumentum, posuerunt Jesum.

, Joann. Cap XVIII.

(***) Et accepto corpore Joseph involvit illud in sindone munda. Et posuit illud in monumento suo novo, quod exciderat in petra. Et advolvit saxum magnum ad ostium monumenti, et abiit.

Matt. Cap. XXVII.

l'art et l'amour-propre de l'artiste devraient être habilement mé-
nagés. Ils se pressent, au contraire, dans l'espace étroit et obscur
d'un tombeau pour contempler avec respect et amour les restes
mortels de celui qui est le Verbe de Dieu ; pour lui donner une
pieuse sépulture et confondre leur douleur dans la douleur de la
Vierge mère, douleur immense comme l'Océan, pour nous servir
des expressions du prophète.

C'est cette scène pathétique qu'a tenté de reproduire le ciseau
puissant de Ligier Richier. Cette scène se passait dans les plis
d'un rocher, sur le sombre autel de la mort, dans un tombeau
enfin, et vous voulez, vous, que l'artiste la reproduise en plein
soleil, sur une estrade, sur des tréteaux, précisément comme s'il
s'agissait de montrer des marionnettes à une foule stupide et
ébahie !!!

Est-ce que le Fils de Dieu, par hasard, a été inhumé sur un
théâtre ? Respectons la grotte sépulcrale et ne la qualifions point
par l'expression peu décente de *trou* et de *bouge* ; respectons aussi
l'histoire, et sachons gré à l'artiste chrétien de ce qu'il a su la
respecter.

Il vous faut une mise en scène décolletée ; il vous faut des personnages heureusement étalés comme pour le scalpel. C'est fâcheux,
mais le sépulcre n'a point été fait dans ce but : si l'artiste l'a créé
pour immortaliser son nom, il l'a fait encore pour nourrir, pour
féconder la foi de nos pères et la nôtre.

Il a été fait, le sépulcre de Jésus-Christ, croyez-le, pour créer
une seconde fois la plus grande et la plus touchante histoire dont
les annales du monde fassent mention. Voilà tout.

Ne demandons donc pas que le curieux, l'amateur enfin soient
bien à leur aise dans un tombeau. C'est vraiment dommage que la
sépulture de Jésus-Christ n'ait point été reproduite sur la pierre pour
donner à ces beaux messieurs, à ces petites dames vaporeuses, et
à titre d'apéritif, quelques fortes émotions avant le dîner. Mais hélas !
Ce n'est guère dans le séjour de la mort qu'on puise des jouissances
mondaines.

IV.

COMMENT LA DISPOSITION DES PERSONNAGES EST-ELLE APPRÉCIÉE PAR M. DUMONT.

Nous avons démontré, l'histoire à la main, que le sépulcre ne pouvait, ni ne devait être placé ailleurs que dans le creux d'un rocher ; nous avons démontré encore que l'artiste l'a mis là à dessein. Reste à examiner si la distribution des personnages est ce qu'elle devait être.

Ce qui, pour nous, et aux yeux des personnes les plus compétentes que nous avons consultées, contribue beaucoup à rehausser la gloire et le génie de l'artiste, c'est que, tout obligé qu'il était, par la force même des choses, de rapprocher singulièrement ses personnages, il a su néanmoins en combiner la disposition de manière à permettre à l'œil de saisir rapidement l'ensemble du tableau sans mentir à la tradition. Tout apparaît, en effet, et rien qui soit réellement caché, ou même dans l'ombre.

Ainsi et au premier plan, se voient, sans effort aucun, les personnages principaux. C'est le corps inanimé de Jésus, c'est la courtisane convertie qui lui baise respectueusement les pieds avec cette pleine effusion de repentir et d'amour qui fait le plus beau triomphe de l'artiste ; c'est le timide Nicodème et le courageux Joseph d'Arimathie portant le corps du Sauveur ; c'est encore, bien que placés un peu en arrière du Christ, la Vierge Marie, l'autre Marie et St-Jean, groupe admirable qui se détache sans contrainte sur un plan un peu plus élevé. Le regard attendri en saisit l'ensemble sublime avec une émotion qui jette dans le cœur un mélange de joie et d'amertume ineffable.

Vous vous étonnez que ces statues de taille héroïque ne sont point à une hauteur plus grande. Elle sont à la hauteur qu'exige l'exactitude historique, et si vous les trouvez trop abaissées pour votre haute taille, abaissez-vous vous même ; tombez sur vos deux genoux ; c'est ainsi que vous les devez contempler dans l'attitude touchante de la prière.

Ces statues ont généralement la tête baissée, dites-vous. Quelle est donc l'attitude naturelle de la douleur? Depuis quand, alors qu'ils pleurent sur un mort ou qu'ils préparent ses funérailles, a-t-on vu les hommes, ainsi confondus dans leur néant, porter vers le ciel un front altier?

Il est curieux, vraiment, d'entendre M. Dumont nous dire « que la mère de Jésus est conduite vers son fils qu'elle va trouver mort et voir pour la dernière fois ; qu'elle est en marche pour s'y rendre, mais non entièrement arrivée (sic) car elle n'éprouve pas cette émotion violente dont elle ne pourrait se défendre à cet instant de saisissement. »

A cet instant de saisissement ! Mais vous n'avez donc jamais lu l'Evangile, que vous osez dire des choses pareilles ? Hé bien ! Ouvrez celui de St-Jean, et vous y lirez : « Cependant la Mère de Jésus et la sœur de sa mère, Marie, femme de Cleophas étaient auprès de sa croix (*juxta crucem*) avec Marie-Madeleine. Jésus ayant aperçu sa mère et le disciple qu'il aimait qui était là dit à sa mère: femme voilà votre fils. Puis il dit au disciple : Voilà votre mère.» (*)

Ainsi, et c'est un récit vrai qui nous l'apprend, la mère avait été témoin de la mort de son fils. Donc il serait tout au moins ridicule de supposer qu'elle est en marche pour le voir une dernière fois, elle qui, durant les longues heures du supplice et de l'agonie, ne l'a point, un seul instant quitté des yeux ; elle qui entend, de ses lèvres adorables et expirantes, ce cri si consolant pour tous les chrétiens de sa dernière et sublime volonté: *ecce mater tua ;* elle qui reçoit son dernier soupir ; elle enfin qui ne le quitte pas, un seul instant, pendant les apprêts lugubres des funérailles. Marie est là, debout, mais elle n'est point en marche ; elle demeure immobile, résignée dans sa douleur au milieu de cette scène lamentable et touchante de la sépulture ; elle est là, debout, dans le

(*) Stabant autem juxta crucem Jesu Mater ejus, et soror matris ejus Maria Cleophæ, et Maria Magdalene. Cum vidisset ergo Jesus matrem et discipulum stantem quem diligebat, dicit matri suæ : Mulier ecce filius tuus. Deindè dicit discipulo : Ecce Mater tua.

Joann. Cap. XVIII.

lieu que lui assigne sa tendresse de mère, tout à proximité du corps de Jésus. Et Ligier Richier qui s'était, lui, bien pénétré du texte sacré, est loin de se douter comme M. Dumont qu'un « personnage qui se met en prière au dos de ses voisins tend les bras de manière à barrer le passage à la Vierge et à ceux qui l'accompagnent. »

Racine, l'immortel auteur de Phèdre et d'Athalie faisait sa nourriture habituelle de la lecture et de la méditation des livres saints. Il se plaisait souvent à dire que c'était à cette source intarissable de richesses qu'il avait puisé ses plus grandes inspirations. Il disait encore que celui qui ne connaissait point l'Ecriture ne peut être que difficilement un grand écrivain. (*)

L'autorité de Racine doit être assez grande pour apprendre à ceux qui sont étrangers à la science divine du christianisme qu'ils ne devraient toucher qu'avec défiance aux questions de l'art chrétien. C'est d'ailleurs le fait d'un esprit vain de se poser en juge souverain des choses qu'il ne connaît pas. Notre pensée ici n'est point d'adresser un reproche à qui que ce soit. Mais, par le temps qui court, trop de gens dissertent sur la Religion qu'ils ne connaissent point ; et notre observation peut avoir son utilité.

Nous arrivons à l'ange de M. Dumont. Cet écrivain dit que « sa pose demi-courbée avec les bras en avant semble faite exprès pour passer au-dessus de la Madeleine, et faire le pendant de Ste-Véronique. »

Passer au-dessus de la Madeleine ! Faire le pendant de Ste-Véronique ! Quel langage ! au milieu d'un drame aussi touchant ! Passer au-dessus de la Madeleine ! Mais cet ange a les bras dirigés vers un plan opposé, et le jongleur le plus vulgaire n'aura jamais l'idée du tour de force dont vous faites les bruyans apprêts.

Savez-vous ce qu'il fait là ? C'est l'Ecriture encore qui va nous le dire.

Ecoutez St-Luc : « Jésus (sur la montagne des Oliviers) s'éloigne de ses disciples de la distance du jet d'une pierre ; il met les ge-

(*) M. Jean Landry-Gillon de Bar, l'un des hommes les plus remarquables de notre département me disait un jour que les deux plus beaux livres qu'il eut jamais lus étaient la Bible et l'Imitation de J.-C.

noux en terre et prie, en disant : Mon Père, si vous le voulez, vous pouvez écarter ce calice de mes lèvres, mais que votre volonté soit et non la mienne. Alors un ange venu du ciel lui apparut, qui le fortifia. Lui de son côté étant réduit comme à l'agonie, priait de plus en plus. Et il eut une sueur, comme de gouttes de sang coulant jusqu'à terre. » (*)

L'avez-vous compris enfin pourquoi le porte-nouvelles du Ciel est là ? Il se soucie fort peu de la Madeleine, celle-ci n'étant point l'objet de sa mission. Il se soucie bien moins encore du personnage que vous appelez Ste-Véronique, et dont vous voulez faire son pendant. C'est l'ange de Gethsémani, celui-là même qui, la veille, prodiguait les consolations d'en haut au Fils de l'homme qui avait assumé sur ses épaules toutes les iniquités du genre humain. Il est là parce que dans la nuit qui précéda le sacrifice, il avait consolé le Christ ; et, quand tout est consommé *(consummatum est)* c'est encore cet ange qui apparaît, tenant dans ses bras le signe de la Rédemption, pour consoler sa mère. Il est tourné vers elle, en effet, et malgré son attitude suppliante et ses regards baissés vers la terre, il semble dire à la divine Marie : « Acceptez ce grand sacrifice. Jésus est mort pour le salut des hommes ; et ces hommes, il les a faits vos enfants : *Ecce Mater tua.*

C'est cet ange enfin qui, n'abdiquant jamais son noble rôle de consolateur, devait, le lendemain, le soleil étant déjà levé, dire aux saintes femmes : « Ne craignez point : je sais que vous cherchez Jésus qui a été crucifié. Il n'est point ici. Il est ressuscité, comme lui-même vous l'a prédit. Approchez et voyez le lieu où avait été déposé le Seigneur. » Sa place, à proximité du tombeau est comme le signe précurseur de la glorieuse résurrection. (**)

Que cet ange de Dieu est bien à sa place, auprès de Marie !

(*) Et ipse avulsus est ab eis quantùm jactus est lapidis : et positis genibus orabat, discens : Pater, si vis, transfer Calicem istum à me : Verumtamen non mea volontas, sed tua fiat. Apparuit autem illi Angelus de cœlo, confortans eum. Et factus est in agonia, prolixiùs orabat. Et factus est sudor ejus, sicut guttæ sanguinis decurrentis in terram.

Luc. Cap. XXII.

(*) Nolite timere vos ; Scio enim quod Jesum, qui crucifixus est, quæritis. Non est hic, surrexit enim, sicut dixit ; venite, et videte locum ubi positus erat Dominus.

Matt. Cap. XXVIII.

Et quel prodige d'amour révèle la pensée sublime de l'artiste, de cet homme inspiré dont naguère encore vous faisiez un trivial brocanteur ! Le Ciel a fortifié le fils , et c'est le Ciel encore qui fortifie la mère.

Et Salomé, est-elle à sa place ? Sa mission à elle est de préparer la tombe qui va recevoir le corps de Jésus. Elle est là , un peu à l'écart des autres personnages ; on la voit, on la saisit dans tout son ensemble ; elle soulève avec respect le linceul du sépulcre ; elle accomplit en silence, et toute pénétrée de ce qui se passe autour d'elle, le rôle douloureux qui lui a été assigné. La pose et l'attitude de ce personnage sont irréprochables.

Les acteurs qui viennent de faire l'objet de nos observations sont les seuls qui, d'après l'Ecriture , ont pris part à la sépulture de Jésus-Christ, eux qui ne l'avaient point, à l'exemple de Pierre, abandonné sur la montagne sanglante du Golgotha. Chacun d'eux est bien à son poste ; tous se dessinent admirablement sur la scène ; ils se détachent les uns des autres autant que les lieux le permettent, et autant que le permet surtout l'exactitude historique. Les poses enfin et les distances sont ménagées et combinées de manière à satisfaire à toutes les exigences de la vérité.

Il ne nous reste plus qu'à nous occuper des quatre derniers personnages : celui que l'on s'est habitué à qualifier , par erreur, du nom de Ste-Véronique, le Centurion et les deux soldats qui tirent au sort la tunique sans couture. Ils sont tout-à-fait étrangers à la sépulture de J.-C. De même que le marteau, les tenailles, les clous jetés çà et là sur le sol , Ligier Richier ne les fait intervenir que pour rappeler les épisodes les plus mémorables de la Passion.

La sainte femme portant la couronne d'épines reçoit, après la descente de croix, des mains de Joseph d'Arimathie, ce diadème sanglant de la dérision : *Ave Rex Judæorum.* Elle est donc bien à sa place, à proximité de celui qui lui confie ce dépôt sacré: lui donner une autre disposition serait d'une haute inconvenance.

Que son attitude est belle ! Qu'elle est touchante ! Elle ne prie point. Mais absorbée qu'elle est dans la contemplation des souffrances inénarrables du Fils de l'homme, elle tient ses yeux humides de larmes cloués sur l'instrument de torture ; elle invite , par son exemple , le peuple fidèle à méditer profondément et toujours sur le mystère douloureux et consolant du Calvaire.

L'idée de Ligièr Richier, en mettant en scène cette sainte femme portant la couronne d'épines, témoigne qu'il a fait son œuvre dans une pensée de foi , d'amour et d'espérance.

On remarque que ce personnage a les épaules couvertes d'un léger vêtement de lin dont l'extrémité retombant sur ses mains reçoit la couronne d'épines. Ne serait-ce point le voile blanc avec lequel cette compagne de Marie essuya le visage divin de Jésus , pendant le pénible et long trajet du Golgotha , au milieu des injures, des crachats et des vociférations d'une soldatesque en délire et d'une populace ameutée ?

La tradition nous apprend que ce voile précieux que les pieux pèlerins de nos jours vénèrent encore dans la Basilique de St-Pierre, à Rome , fut alors marqué de l'empreinte auguste de la face du Sauveur. Ce voile est appelé **Veronica** mot composé du grec et du latin qui signifie **Image vraie.** C'est à cause de cet événement qu'on a pris l'habitude d'appeler Véronique la femme courageuse qui essuya la face de J.-C. (*)

Derrière cette noble fille de Sion apparaît le Centurion. Est-il bien à sa place , lui aussi , ou doit-il , comme le demande M. Dumont, « *avec sa jambe dont l'autre n'a pas été faite* comme *emboîter* le soldat accroupi ? »

D'abord qu'est-ce que c'est que ce Centurion , que vient-il faire en ces lieux ? C'est le chef militaire commandant cent hommes qui, pendant que Jésus expirait sur la croix, s'est écrié : « Celui-ci était véritablement le fils de Dieu. » (**)

C'est donc encore un personnage ami qui , dépouillant son rôle odieux de persécuteur, assiste rêveur et sympathique à la scène de la sépulture. Il est là en observateur bienveillant. Il n'ose , par respect , s'approcher davantage. Il se tient courbé, comme à l'écart , par un sentiment de délicate réserve. En un mot, il est parfaitement dans son rôle, et cette circonstance qu'une seule de ses

(*) Feller T. IV. P. 301. V° **Véronique,** Edition de Besançon 1850.

(**) Vere Filius Dei erat iste.

S. Marc. Cap. XXVII.

jambes a été faite dénote bien qu'il est à la place qui lui appartient, à la place que lui a assignée l'artiste.

Et M. Dumont voudrait que ce soldat généreux allât *emboîter* l'un de ces deux bandits qui font groupe à part, et qui, sans pudeur aucune, s'amusent à jouer aux dés la dépouille sanglante de Jésus, au milieu même de la scène désolée de ses funérailles. Placer le Centurion auprès d'eux, comme spectateur de leur jeu sordide, serait un oubli étrange des convenances. Et lui faire regarder « le spectateur presque en face, comme le veut encore M. Dumont, à l'aide d'une notable conversion de son corps, » serait méconnaître tout ce qu'il y a de digne dans son rôle. Ligier Richier se serait bien gardé de tomber dans une faute pareille.

Que dire de ces deux joueurs ignobles qui, il y a quelques instans, s'écriaient en branlant la tête : « descends maintenant de la croix, si tu es le roi d'Israël ? » (*)

Est-ce qu'ils ne sont pas bien à leur place, ainsi relégués avec le mépris qu'ils méritent, dans un coin obscur? Est-ce que l'indécence de leur pose demande qu'on les confonde avec des personnages dont la dignité se traduit jusques dans le maintien ?

« On ne les voit pas », dit M. Dumont, avec un accent de douleur qui vraiment fait peine. Tant pis ; mais, quant à nous, nous trouvons qu'on les voit assez, et il nous répugnerait de les voir davantage. Ligier Richier aussi trouve qu'on les voit assez avec l'expression satanique et cupide de leur physionomie brutale.

Il ne faut point perdre de vue d'ailleurs qu'ils sont ici les seuls ennemis de J.-C. et que la place d'honneur n'était point faite pour eux. Notez encore qu'ils sont tellement bien au poste qu'a voulu leur assigner l'imagiste, que celui-ci a eu soin, pour qu'ils n'échappassent point à la vue, de ménager un espace suffisant entre le torse de Joseph et la sainte femme portant la couronne d'épines.

Ces deux hommes de guerre si grossiers n'ont nul souci de la sépulture du Sauveur : leur attitude, leurs préoccupations, tout en eux fait contraste avec le drame si palpitant qui se déroule à côté d'eux : ils sont là comme une ombre au milieu de la lumière,

___

(*) Si Rex Israël est, descendat nunc de cruce.

S. Marc. Cap. XXVII.

comme le vice à côté de la vertu. Disons en passant que la caisse sur laquelle roulent les dès est un véritable anachronisme, et qu'il n'est pas rare de voir les imagistes du moyen-âge tomber dans ce petit travers. Ce n'est pas de l'ignorance, c'est du caprice.

Nous avons dit que les quatre derniers personnages et les instrumens principaux du supplice de Jésus apparaissent, sous le merveilleux ciseau de Ligier Richier, pour rappeler les circonstances principales de la Passion. Une idée plus élevée encore était entrée peut-être dans les conceptions de l'immortel artiste; et, plein de foi qu'il était, il aura voulu donner aux hommes une preuve écrasante pour l'impiété, de la divinité de J.-C. à une époque précisément où cette divinité était de nouveau mise en doute par certains novateurs.

Tout le monde sait, en effet, que l'une des preuves les plus incontestables de la divinité de J.-C. se puise dans l'accomplissement des prophéties. Or, Ligier Richier se complait, en quelque sorte, à étaler au grand jour, ces preuves concluantes, en tant qu'elles portent sur les circonstances de la Passion dont il rappelle le souvenir.

Ecoutez le Roi Prophète : « Tous ceux qui me voient m'insultent — Le mépris sur les lèvres, ils ont secoué la tête en disant :

Il a mis son espoir en Dieu — Que Dieu le délivre — Que Dieu le sauve puisqu'il se plait en lui;

Des chiens dévorans m'ont environné, le conseil des méchans m'a assiégé;

Ils ont percé mes mains et mes pieds — Ils ont compté tous mes os — Ils m'ont regardé — Ils m'ont considéré attentivement — Ils se sont partagé mes vêtemens — Ils ont tiré ma robe au sort —

J'ai pris un vêtement d'ignominie et ils m'en ont fait un sujet de raillerie — (La couronne d'épines notamment).

Ils m'ont donné du fiel pour nourriture; ils m'ont présenté du vinaigre pour étancher ma soif. » (*)

(*) Omnes videntes me, deriserunt me: locuti sunt labiis, et moverunt caput —
Speravit in domino, eripiat eum : salvum faciat eum, quoniam vult eum —
Quoniam circumdederunt me canes multi; concilium malignantium obsedit me —
Foderunt manus meas et pedes meos: dinumeraverunt omnia ossa mea —

On voit que J.-C. est inhumé dans le tombeau du riche, dans le tombeau de Joseph d'Arimathie, et le Prophète Isaïe avait prédit cette circonstance : « On lui réservait, dit-il, la sépulture de l'impie ; il a été enseveli dans le tombeau du riche, parce qu'il a ignoré l'iniquité, et que le mensonge n'a point souillé sa bouche.» (*)

Maintenant que les prophéties qui concernent plus spécialement la passion de J.-C. sont bien connues, il paraîtra établi sans doute que le but que s'est proposé Ligier Richier, dans ses divers épisodes du crucifiement, a été de prouver la concordance parfaite qui existe entre la prédiction des faits et leur accomplissement.

Il reste, en faveur du système de M. Dumont, un seul argument : C'est que le tombeau destiné à recevoir le corps du Sauveur n'a point la longueur nécessaire. Le fait matériel est vrai ; mais l'argument, qu'on nous permette de le dire, est néanmoins peu concluant.

Pourquoi ? C'est que le lieu où fut réellement enseveli le corps de J.-C. forme, dans le flanc d'un rocher, deux cavités bien distinctes. La première, connue sous le nom de chapelle de l'ange, se trouve comme figurée, à St-Mihiel, par l'espace qu'occupent tous les personnages, à l'exception de Salomé. La seconde qui porte le nom de Saint des Saints est figurée, au contraire, dans notre sépulcre, par l'espace plus étroit occupé par Salomé et le tombeau. Or, allez en Terre-Sainte ; visitez le tombeau du Golgotha et vous remarquerez que l'excavation du rocher dans laquelle il est pratiqué forme une petite grotte séparée, et que, de l'extérieur, il est impossible de le découvrir dans toute son étendue. Il ne faut dès lors point s'étonner si, à St-Mihiel, l'œil matériel ne découvre qu'une partie de ce même tombeau, dont l'imagination doit voir le prolongement nécessaire dans la partie obscure de la grotte. Le lecteur demeurera convaincu de cette vérité s'il veut bien consulter la relation édifiante qu'a faite de son voyage en Palestine M. l'abbé Becq de cette ville.

Ipsi vero consideraverunt et inspexerunt me —
Diviserunt sibi vestimenta mea et super vestem meam miserunt sortem.
Et posui vestimentum meum cilicium ; et factus sum illis in parabolam.
Et dederunt in escam meam fel ; et in siti mea potaverunt me aceto.
David Ps. XXI. LXVII.

(*) Et dabit impios pro sepulturâ, et divitem pro morte sua ; eo quod iniquitatem non fecerit, neque dolus fuerit in ore ejus.
Isaïas Cap. LIII.

CONCLUSION.

De toutes les observations qui précèdent nous pensons pouvoir conclure :

1º Que le Sépulcre a été placé à dessein dans une grotte assez peu clarteuse ;

2º Que la volonté de l'artiste a été de l'y fixer d'une manière définitive ;

3º Enfin que la disposition des treize personnages est l'œuvre encore de sa volonté immuable et réfléchie.

QUELLES RESTAURATIONS SONT A FAIRE AU SÉPULCRE.

Avant d'émettre nos idées sur cette grave question il ne sera pas sans intérêt pour le public de rechercher les causes réelles de la destruction d'une foule de chefs-d'œuvre de Ligier-Richier, à l'époque de la Terreur. Dans ces jours de désastres irréparables où Robespierre, maître de la Convention Nationale, étendait encore son despotisme affreux, sur toute la nation, il se rencontra malheureusement sur tous les points de la France, des hommes pervers et audacieux qui crurent se rendre agréables aux factieux en foulant aux pieds les chefs-d'œuvre de l'art. Ainsi les tableaux et les statues des grands maîtres, les monumens les plus augustes, les meubles les plus précieux, les tombeaux même, tout fut foulé aux pieds, saccagé, mutilé, fouillé, livré aux flammes.

C'est ainsi que de stupides et féroces vandales firent brûler sur la place publique de St-Mihiel le magnifique Christ en bois de Ligier-Richier dont le chef seul a pu être sauvé par un citoyen généreux et ami des arts. (*) Et si le sépulcre lui-même n'a point

(*) Cette tète a été admirablement lithographiée par M. Tourtat, de St-Mihiel, dont le talent égale la modestie.

succombé dans cette lutte stupide de la force brutale contre la matière, à qui le doit-on ? En 1793, on le doit à deux hommes d'élite par le cœur et les sentimens , à MM. Marchand et Martin dont les noms devraient être gravés en lettres d'or, sur l'arcade externe du monument. En 1794, on le doit encore au gouvernement de la République. Il ne faut pas croire , en effet, que le Pouvoir central ait jamais armé le bras des démolisseurs , et il n'existe aucun de ses actes qui autorise à le penser. Mais, dans ces jours néfastes , il fut souvent débordé par les instincts ignobles de la populace.

En effet , à peine Robespierre est-il mort , que nous voyons la Convention Nationale prendre les mesures les plus énergiques pour empêcher le retour des saturnales de 1793. Nous avons pour le prouver un monument authentique de 1794 et dont voici la copie textuelle , avec son orthographe.

« Paris ce 30 Thermidor an II de la République une et Indivisible.

Le Président de la Commission temporaire des arts adjoint au Comité d'Instruction Publique, Aux Administrateurs du District de St Mihiel.

Citoyens ,

La Commission Temporaire des Arts met le plus grand intérêt à la conservation du célèbre Sèpulchre qui se trouve à St Mihiel et que divers Ecrivains attribuent à un nommé Richier.

On trouve en outre , dit-on , dans votre Commune , quelques reliefs sur des cheminées , par le même Sculpteur qui leur a laissé l'empreinte de son génie. La Commission ne doute pas du zèle que vous mettez à la conservation de tous les monumens d'Arts et de sciences, elle vous invite à lui envoyer au plutôt des renseignemens à cet égard et spécialement sur ceux qui sont l'objet de cette lettre.

Salut et fraternité ,

Le Représentant du Peuple Président de la Commission temporaire des arts. (*)

MATHIEU.

(*) L'original de cette lettre curieuse se trouve en tête du registre des délibérations de la fabrique de St-Etienne.

Il nous reste à dire ce qui, selon nous, serait à faire pour assurer la conservation du Sépulcre de St-Mihiel, et lui rendre toute sa splendeur primitive.

En présence du délaissement inconcevable dans lequel végète ce chef-d'œuvre de Ligier Richier, tous les hommes de bien applaudiront à l'initiative généreuse de M. Dumont. Mais, comme il n'y a pas lieu à un déplacement quelconque, les améliorations à faire ne sont point de nature à entraîner des frais essentiellement considérables.

Avant tout il faut que ce monument soit confié à un artiste éminent et chrétien qui devra restaurer les parties mutilées, soit par le temps, soit par la main des hommes.

Nécessairement cet artiste ferait disparaître le badigeon qui souille la voûte et les murs; il prendrait en outre les mesures indispensables pour garantir les statues contre l'humidité qui ne peut provenir que du dehors. Les trois petites roses pratiquées pour jeter à l'intérieur un jour mystérieux recevraient des verres de couleur, et l'on supprimerait ces espèces de hottes construites, on ne sait pourquoi, par M. Brum qui eut en outre le tort de raccourcir les bras de la croix.

On pourrait aussi rétablir les ornemens de la chapelle qui ont disparu, supprimer la grille épaisse qui enlève au monument tout son prestige, et la remplacer par une grille moins élevée placée à une distance habilement ménagée. Mais la grille primitive qui a le cachet du temps devrait être réemployée.

Quant à élever davantage les personnages, il ne faut pas y songer. Outre que ce travail pourrait offrir des dangers, il entraînerait nécessairement la démolition de la grotte actuelle, ce qui serait de la barbarie. Si l'on pense que, depuis l'établissement du sépulcre, le sol de l'église a été relevé, il deviendra facile, sans rien changer à l'œuvre principale, de lui rendre, en cet endroit, son niveau primitif. C'est là, selon nous, le seul remède possible à cet inconvénient léger, si toutefois il existe.

En résumé, il ne faut pas perdre de vue que les travaux de restauration, quels qu'ils soient, ne pourront et ne devront être

exécutés que sous le regard vigilant du Conseil municipal, du Gouvernement et de l'Autorité Ecclésiastique, qui seuls pourront donner au monde catholique des garanties suffisantes de lumière et de savoir.

(*) Le lecteur remarquera que la première partie de cette brochure devrait nécessairement faire corps avec la dernière. Mais la première partie de notre travail était déjà imprimée quand parut la petite brochure de M. Dumont qui seule nous a conduit a écrire la troisième partie. Ce travail, comme l'indique le titre : *Un mot à M. Dumont* ne devait pas avoir d'abord beaucoup d'étendue, mais nous avons été entrainé, par les sages conseils qui nous ont été donnés, à lui donner un plus grand développement. Il serait donc beaucoup mieux intitulé :

Réfutation des théories de M. Dumont sur Ligier Richier et le Sépulcre de St-Mihiel.

ERRATA : A la page 42, au lieu de : *Nous avons voulu avoir encore,* lisez : *Nous avons voulu ajouter encore.*